AF284413

Hans-Gert Gräbe, Ken Pierre Kleemann

Seminar Systemtheorie
Universität Leipzig
Wintersemester 2019/20

Rohrbacher Manuskripte. Heft 22

LIFIS – Leibniz-Institut für Interdisziplinäre Studien
https://leibniz-institut.de

Seminar Systemtheorie
Universität Leipzig
Wintersemester 2019/20

Hans-Gert Gräbe, Ken Pierre Kleemann

LIFIS – Leibniz-Institut
für Interdisziplinäre Studien, Berlin 2020

ROHRBACHER MANUSKRIPTE

herausgegeben von Hans-Gert Gräbe

Heft 22

Bibliografische Information der Deutschen Nationalbibliothek: Die Deutsche Nationalbibliothek verzeichnet diese Publikation in der deutschen Nationalbibliografie; detaillierte bibliografische Daten im Internet unter `http://dnb.dnb.de`.

Redaktion dieses Heftes: Hans-Gert Gräbe, Leipzig
Herstellung und Verlag: BoD – Books on Demand, Norderstedt
ISBN 9783752620023

Inhaltsverzeichnis

1 Ziel und Methodik des Seminars

1.1 Zielstellung

Der Systembegriff spielt in der Informatik eine herausragende Rolle, wenn es um Datenbanksysteme, Softwaresysteme, Hardwaresysteme, Abrechnungssysteme, Zugangssysteme usw. geht. Überhaupt wird die Informatik von einer Merhheit als die „Wissenschaft von der *systematischen* Darstellung, Speicherung, Verarbeitung und Übertragung von Informationen, besonders der automatischen Verarbeitung mithilfe von Digitalrechnern" (Wikipedia) verstanden. Auch gewisse einschlägige Professionen wie etwa der *Systemarchitekt* genießen unter IT-Anwendern hohe Wertschätzung.

Die Bedeutung des Systembegriffs reicht allerdings weit über den Bereich der Informatik hinaus – er ist grundlegend für alle Ingenieurwissenschaften und mit der ISO/IEC/IEEE-15288 Norm „Systems and Software Engineering" als *Systems Engineering* auch Gegenstand internationaler Normierungs- und Standardisierungsprozesse. Mehr noch spielt der Systembegriff auch bei der Beschreibung komplexer natürlicher und kultureller Prozesse – etwa im Begriff des *Ökosystems* – eine zentrale Rolle.

Mit dem *Semantic Web* rückt die Bedeutungsanalyse digitaler Artefakte in den Mittelpunkt, die in letzter Instanz Sprachartefakte sind und damit ebenfalls in direktem Zusammenhang zu einem sinnvoll zu entfaltenden *Systembegriff* stehen als Grundlage jeden Verständnisses konkreter Systeme.

Mit dem Schlagwort *Nachhaltigkeit* werden schließlich komplexe gesellschaftliche Abstimmungsprozesse angesprochen, mit denen vielfältige Informations- und Bewertungsprobleme einhergehen. Hierbei ist die Fähigkeit der beschreibenden Abgrenzung, Entwicklung und Steuerung von sogenannten Systemen auf bzw. über verschiedene Governance-, Raum- und Zeitebenen hinweg von großer Bedeutung.

> **Ziel des Seminars** ist es, ein besseres Verständnis für diese Vielfalt von Systembegriffen zu gewinnen und dabei die Zugänge *verschiedener Systemtheorien* als Gegenstand einer *Systemwissenschaft* zu analysieren.

1.2 Inhaltliche Abgrenzung

Das Seminar ist ein Einführungskurs in die Systemwissenschaft auf Master-Ebene und thematisiert deren Entwicklung im Laufe der Zeit, Verzweigung von Ansätzen, Schlüsselbegriffen und Konzepten. *Systemwissenschaft* wird hier als übergeordneter Ausdruck für ein Feld verwendet, zu dem zahlreiche Gelehrte aus den verschiedensten Disziplinen wie Anthropologie, Biologie, Chemie, Ökologie, Ökonomie, Mathematik, Physik, Psychologie, Soziologie und andere beigetragen haben. Entwicklungen wie Kybernetik, Chaostheorie oder Netzwerkanalyse und -wissenschaft können als Teil von Systemwissenschaft oder zumindest stark verwandt mit ihr angesehen werden. Einige Zweige der Systemwissenschaft gelten in Deutschland sogar als neue Wissenschaftsbereiche mit eigenen Rechten wie Synergetik oder Komplexitätswissenschaft.

Diese Entwicklungen haben neue Möglichkeiten für eine verbesserte Analyse und Entscheidungsfindung in wissenschaftlichen, geschäftlichen und politischen Bereichen eröffnet. Wir stellen jedoch täglich fest, dass in komplizierten Situationen, insbesondere in der Politik und in der Wirtschaft, einfache und direkte Entscheidungsfindungsprozesse nach wie vor überwiegen, was zu einer Zunahme negativer Entwicklungen führt, wenn die ursprünglich beabsichtigten Wirkungen nicht eintreten. Jede unerwartete Nebenwirkung oder Gegenreaktion, die die Maßnahmen unbrauchbar machen, sind ein klares Indiz dafür, dass die grundlegenden mentalen Modelle der Akteure unvollständig waren und breitere systemische Korrelationen vernachlässigt wurden. Das Systemdenken ist daher von besonderer Bedeutung für den Übergang zu einer nachhaltigeren Gesellschaft.

1.3 Methodik

In diesem Seminar sollen die historische Entwicklung der Systemwissenschaft (in Teilen) verfolgt sowie relevante Grundbegriffe studiert werden. Wir halten uns dabei an kein spezifisches Modell (wie z.B. *Systemdynamik*), sondern entwickeln ein tieferes Verständnis für die Systemwissenschaft und für eine spezifische Art des „Systemdenkens", mit der Nachhaltigkeitsprobleme erfolgreicher angegangen werden können. Dies erreichen wir durch das Lesen und Diskutieren von wissenschaftlichen Arbeiten und Buchkapiteln.

Von den Studierenden wird erwartet, dass sie sich aktiv am Seminar beteiligen durch Seminardiskussionen, Präsentationen, schriftliche Ausarbeitungen und nicht zuletzt durch Lesen. Die Kursteilnehmer werden angeregt und aufgefordert, einen eigenen Zugang zum Thema Nachhaltigkeit zu entwickeln.

1.4 Curriculare Einordnung

Das Seminar ist Teil des Vertiefungsmoduls *Semantic Web*, zu dem weiter eine Vorlesung *Nachhaltigkeit und Digitale Skills* sowie ein Online-Praktikum mit dem Minsker TRIZ-Trainer gehören. Im Seminar wollen wir uns dem für die TRIZ-Methodik zentralen Begriff des *Systems* nähern und dazu verschiedene Quellen auswerten.

1.5 Plan des Kurses

Das *Semantic Web* erweitert das Web, um Daten zwischen Rechnern einfacher austauschbar und verwertbar zu machen; so kann beispielsweise der Begriff „Bremen" in einem Webdokument um die Information ergänzt werden, ob hier ein Schiffs-, Familien- oder der Stadtname gemeint ist. Diese zusätzlichen Informationen explizieren die unstrukturierten Daten. Zur Realisierung dienen Standards zur Veröffentlichung und Nutzung maschinenlesbarer Daten (insbesondere RDF).

Das ist eine *sehr technizistische* Sichtweise, der nicht berücksichtigt, *warum* diese Unterscheidungen überhaupt relevant sind. In diesem allgemeineren Sinne **befassen sich Semantic Web Technologien mit der werkzeuggestützten Schärfung der Bedeutung von Begriffen in konkreten Kontexten.**

In diesem Kurs stehen die Voraussetzungen und Bedingtheiten im Vordergrund, die mit der Schärfung der Bedeutung von Begriffen in konkreten Kontexten verbunden sind. Wir werden dies auf dem Kontext der Nachhaltigkeitsdebatte genauer studieren. Mit *technischen Fragen des Semantic Web* werden wir uns allenfalls am Rande beschäftigen.

Der Kurs ist als **interdisziplinäres akademisches Lehrangebot** konzipiert, an dem Kolleginnen und Kollegen aus drei Bereichen beteiligt sind – Lydie Laforet und Sabine Lautenschläger vom IIRM, Ken Pierre Kleemann (Philosohpie) und Hans-Gert Gräbe (Informatik).

Akademisch bedeutet, dass wir miteinander – besonders im Seminar – auf Augenhöhe verhandeln wollen und werden. Es geht um rationale Argumentationen auf einem wissenschaftlichen Niveau, also um *Argumente* und nicht um apodiktische Wahrheiten.

Der Kurs besteht aus drei Teilen:

- Die **Vorlesung** (do 11-13 Uhr). Dort werden grundlegende Begriffe wie Technik, Nachhaltigkeit im Kontext der bürgerlichen Gesellschaft, digitales Universum, RDF Basics, Ontologien (im Sinne der Informatik), Storytelling, Daten, Information, Wissen sowie kooperatives Handeln im digitalen Zeitalter genauer entwickelt.

- Das **Seminar** „Systemwissenschaft" (di 15-17 Uhr). Hier werden auf dem Hintergrund des vielfach überladenen Systembegriffs Begriffsbildungsprozesse in ihrer theoretischen wie praktischen Dimension studiert. Die Herangehensweise der interdisziplinären Partner wird sich dabei unterscheiden, wie bereits in der Vorbereitung des Seminars deutlich wurde. Während für die Kolleginnen am IIRM die *eigenen Praxen der Einbindung* in konkrete sozio-politische Prozesse um die Sicherung von Nachhaltigkeit im Vordergrund stehen, geht es dem Informatiker stärker um die *sozio-technischen Bedingtheiten* von Begriffsbildungsprozessen als Kern von Semantic Web Technologien und dem Philosophen um die *Dynamik von Begriffsbildungsprozessen* als solchen auf der Basis praktisch-performativer Erfahrungen, wie sie die Kolleginnen vom IIRM und auch die Studierenden mitbringen.

- Dabei werden wir immer wieder auf widersprüchliche Situationen stoßen, die genauer sprachlich zu analysieren sind, um sinnvolle Lösungen zu finden. TRIZ als (nicht nur) Erfindungsmethodik bietet hierfür ein umfassendes Instrumentarium an. Im **Praktikum** steht die Vermittlung grundlegender Fertigkeiten im Umgang mit dieser Methodik im Mittelpunkt, wobei der Minsker TRIZ-Trainer als Online-Kurs zum Einsatz kommt.

2 Systembegriff in der Theorie dynamischer Systeme (Gräbe)

Literatur: [38], Zusatzliteratur: [25], [26]

2.1 Fragestellungen der Theorie dynamischer Systeme

> Ein *dynamisches System* ist eine abgegrenzte zeitabhängige Funktionseinheit, die durch ihre Signaleingänge und Signalausgänge in einer Wechselwirkung mit der Umwelt steht.
>
> Das System hat mindestens einen Signaleingang und einen Signalausgang und reagiert zu einem bestimmten Zeitpunkt auf ein beliebiges Eingangssignal mit einer bestimmten zeitlichen Reaktion als Ausgangssignal. (Wikipedia)

Das System kann in der Regel Informationen über vorherige Ereignisse durch interne Strukturtransformation speichern und entwickelt so ein „Gedächtnis".

> Das Verhalten dieser Systeme kann linear, kontinuierlich nichtlinear, diskontinuierlich nichtlinear, zeitinvariant, zeitvariant und totzeitbehaftet sein. Dies gilt für Eingrößen- und Mehrgrößensysteme. (Wikipedia)

2.2 Erste Beispiele

Beispiele im homogenen Gravitationsfeld (aus der Wikipedia)

(1) Pendel. Einfacher mathematischer Zusammenhang mit festem Bezugspunkt führt zu „einfachem" Verhalten.

(2) Gekoppelte Pendel. Kopplung von zwei Zusammenhängen nach (1) führt zu einer Reihe qualitativ verschiedener Kopplungsphänomene (Mitschwingen, Gegenschwingen, Schwebung).

(3) Doppelpendel. Kopplung mit bewegtem Endpunkt als zweiter Anfangspunkt führt bereits zu chaotischen Trajektorien, da über die Kopplung in das zweite System Energie aus dem ersten eingetragen wird (bei kleinen Ausschlägen synchronisieren sich die Pendel nach einere Weile).

(4) Magnetisches Pendel. Pendel mit drei punktförmigen Attraktoren, Energieeintrag hängt von den Entfernungen des Pendelendes von den drei Magneten ab. Im Ergebnis pendelt das Ende längere Zeit um jeweils einen der Magneten, bis es chaotisch zu einem anderen Magneten wechselt.

Beispiele mit gravitativer Wechselwirkung (auch Wikipedia)

- Das Zweikörperproblem
- Das Dreikörperproblem und das Kolmogorow-Arnold-Moser-Theorem. Dieses besagt, dass fast alle Trajektorien quasiperiodisch sind, dazwischen aber immer wieder kompliziertere Trajektorien liegen. Beispiel: Saturnringe.

Das sind bereits – notwendigerweise reduktionistische – Beschreibungsformen der Wirklichkeit wie etwa Beschreibungen des Pendels mit und ohne Dämpfungsglied.

Aber: Sinnvolle Reduktionen von Beschreibungsformen **verbessern** unsere Einsicht in die Zusammenhänge der Welt. Hätte Galileo Galilei diese Denkmethodik nicht angewendet, wäre ihm niemals aufgefallen, dass Eisen und Feder gleich schnell fallen, weil dies der praktischen Erfahrung widerspricht und erst nach einem Abstraktionsprozess deutlich wird. Dann kann es, unter Herstellung entsprechender idealer Bedingungen, aber auch im Experiment überprüft werden.

Nicht alles, was wie Chaos aussieht, muss auch Chaos sein: `https://i.redd.it/zr7tet9mdfl01.gif`

2.3 Grenzzyklen und Attraktoren

- Grenzzyklen
- Attraktor als stabile zeitinvariante Lösung des entsprechenden Differentialgleichungs-Systems

Beispiel: Die Attraktoren des Magnetpendels sind die drei stabilen Endlagen, also drei Punkte im Phasenraum.

Weitere Phänomene:

- Hysterese. Beispiel: Temperaturregelung einer Heizungsanlage
- Räuber-Beute-Zyklen (Wikipedia), Lotka-Volterra-Gleichungen, Lotka-Volterra-Regeln

Zur Bedeutung „stabiler" zyklischer Prozesse in der Natur.

Wir sind in der Lage, solche sich *näherungsweise* wiederholenden Muster in natürlichen Prozessen (d.h. Attraktoren) wahrzunehmen, also auch unabhängig von der Mathematik eine solche Reduktionsleistung zu vollbringen.

Wie kompliziert können solche Attraktoren werden?

Beispiel: Der Lorenzattraktor.

Achtung, im Gegensatz zum Magnetpendel entsteht das Bild *nicht* durch Bahnverfolgung, sondern stellt wirklich den Attraktor als *globales* Artefakt dar, als invariante Lösung des (recht einfachen, allerdings nichtlinearen) Systems aus drei Differenzialgleichungen.

Es geht noch komplizierter: *Seltsame Attraktoren* als „Endzustand eines dynamischen Prozesses, dessen fraktale Dimension nicht ganzzahlig und dessen Kolmogorov-Entropie echt positiv ist. Es handelt sich damit um ein Fraktal, das nicht in geschlossener Form geometrisch beschrieben werden kann". (Wikipedia)

Damit ist der Trajektorienbegriff der klassischen Physik für derartige Phänomene nicht mehr anwendbar. Damit greift zugleich die klassische Interpretation des „Schmetterlingseffekts" zu kurz, denn sie geht von der Existenz einer Trajektorie aus, längs derer (Mono)-Kausalität vermittelt wird.

2.4 Systeme auf multiplen Zeitskalen

Ein wichtiger Ansatz ergibt sich für Systeme, deren Dynamiken auf verschiedenen Zeitskalen ablaufen. Man kann dann methodisch als weiteren Abstraktionsschritt zunächst die Dynamiken auf den einzelnen Zeitskalen untersuchen und später in einem erweiterten Modell die Wechselwirkungen zwischen den Zeitskalen hinzunehmen. Massiv neue Phänomene ergeben sich bereits bei der Betrachtung von *zwei* Zeitskalen, was als *Mikro- und Makroevolution* bezeichnet wird. Hier wird es in der Wikipedia bereits dünn.

- Beispiel: Doppelpendel als Pendel, aber der Pendelkörper hat selbst noch eine innere Dynamik.
  Das Obersystem prägt dem Untersystem durch Energieeintrag eine gemeinsame Dynamik auf. Obwohl das Doppelpendel eigentlich chaotisch ist, ist das System damit (final) *nicht* chaotisch, sondern verhält sich (bei kleinen Ausschlägen) wie ein einfaches Pendel mit Masse im Schwerpunkt.
- In der Literatur als „Versklavungseffekt" bekannt und besonders in methodisch schlecht fundierten soziologischen Betrachtungen als Verbalargument verbreitet.
- Eine genauere Argumentation zu dem Thema unter
  `https://de.wikipedia.org/wiki/Netzwerkforschung`

Welche Probleme treten beim Zusammensetzen von (verstandenen) Mikroevolutionen von Teilsystemen zu einem Verständnis der Dynamik auf der Makroebene auf?

2.5 Immersiver und submersiver Systembegriff

Komplexere Relationen von Systemen S_1 und S_2 innerhalb eines Obersystems S kann man als *Einbettung* der beiden Teilsysteme in das Obersystem beschreiben.

Mathematische Formulierung der Fragestellung:

> Gegeben sind die beiden Systeme S_1 und S_2 (als Instanzen einer mathematischen Kategorie, zum Beispiel Mengen oder Vektorräume).

> Gesucht sind für jedes denkbare Obersystem S geeignete Abbildungen $f_1 : S_1 \to S$, $f_2 : S_2 \to S$, die diese „Einbettung" realisieren.

Einbettung steht hier für beliebige Morphismen in der gegebenen Kategorie.

Frage: Gibt es für diese Konstellation ein *universelles* kategorielles Objekt, d.h. ein in dieser Kategorie allein aus S_1 und S_2 konstruierbares universelles U samt universellen Abbildungen $p_1 : S_1 \to U$, $p_2 : S_2 \to U$, so dass sich für *jedes* Tripel (f_1, f_2, S) die obige Konstellation als

$$f_1 = f \circ p_1 : S_1 \to U \to S, \quad f_2 = f \circ p_2 : S_2 \to U \to S$$

für ein geeignetes $f = f_1 \oplus f_2 : U \to S$ schreiben lässt?

U heißt in dem Fall *direkte Summe* und man schreibt $U = S_1 \coprod S_2$.

Mathematische Kategorien. Die meisten mathematischen Modelle bewegen sich in derartigen konkreten Kategorien, zum Beispiel der Kategorie der Mengen, der Vektorräume, der Faserbündel, der algebraischen Varietäten usw.

Jede solche Kategorie zeichnet sich dadurch aus, dass dort die Begriffe *Objekt* und *Morphismus* eine klare Bedeutung haben. Morphismen zwischen Vektorräumen sind zum Beispiel operationstreue Abbildungen, also lineare Abbildungen, die sich für endlichdimensionale Vektorräume durch Matrizen beschreiben lassen.

Nicht in jeder Kategorie existieren solche universellen Objekte.

Anmerkung: Die Konstruktion lässt sich leicht auf endlich viele S_i und sogar auf unendlich viele $S_i, i \in I$, verallgemeinern, und so ist es in der Mathematik auch gemeint.

Kategorie der Mengen. In dieser Kategorie existieren direkte Summen U sowohl für endliche als auch unendliche Indexmengen I. Dies ist gerade die *disjunkte Vereinigung* der Mengen S_i.

Die Abbildungen p_i sind gerade die Einbettungen $p_i : S_i \to U$ der Teilmengen in deren disjunkte Vereinigung.

Die Abbildung $f : U \to S$ ergibt sich wie folgt: Für jedes $a \in U$ existieren genau ein i und ein $a' \in S_i$ mit $a = p_i(a')$. Setze $f(a) = f_i(a')$.

Ist $|S_1| = a$, $|S_2| = b$, so ist $|S_1 \coprod S_2| = a + b$. Das Ganze ist nicht mehr als die Summe seiner Teile.

Kategorie der Vektorräume. Auch in dieser Kategorie existieren direkte Summen U sowohl für endliche als auch unendliche Indexmengen I.

Die Abbildungen p_i sind gerade die Einbettungen $p_i : S_i \to U$ auf die i-te Koordinate von U (alle anderen Komponenten gleich dem Nullelement des Vektorraums).

Die Abbildung $f : U \to S$ ergibt sich wie folgt: Jedes $a \in U$ lässt sich eindeutig als (endliche!) Linearkombination von Basisvektoren e_a darstellen, von denen die Bilder $f(e_a)$ bekannt sind. Setze nun f linear fort.

Ist $|S_1| = a$, $|S_2| = b$, so ist $|S_1 \coprod S_2| = a \cdot b$. Das Ganze scheint mehr als die Summe seiner Teile zu sein. Ich komme darauf zurück.

Ein zentrales TRIZ-Prinzip ist Prinzip 13 der Funktionsumkehr. Wenden wir dieses hier an, drehen alle Pfeile um und schauen, was wir erhalten. Das Verfahren ist in der Mathematik weit verbreitet und heißt in diesem Kontext „Übergang zur dualen Kategorie".

Gesucht sind also nun $f_1 : S_1 \leftarrow S$, $f_2 : S_2 \leftarrow S$, d.h. Möglichkeiten, S_1 und S_2 aus einem Obersystem S durch „Projektion" zu gewinnen.

Gibt es für diese Konstellation ein universelles kategorielles Objekt, d.h. ein universelles U und universelle Abbildungen $p_1 : S_1 \leftarrow U$, $p_2 : S_2 \leftarrow U$, so dass sich für jedes Tripel (f_1, f_2, S) die obige Konstellation als

$$f_1 = p_1 \circ f : S_1 \leftarrow U \leftarrow S, \quad f_2 = p_2 \circ f : S_2 \leftarrow U \leftarrow S$$

für ein geeignetes $f = f_1 \otimes f_2 : S \rightarrow U$ schreiben lässt.

U heißt in dem Fall *direktes Produkt* und man schreibt $U = S_1 \prod S_2$.

Wie ändert sich dabei die Perspektive auf den Systembegriff?

Kategorie der Mengen. In dieser Kategorie existieren direkte Produkte U sowohl für endliche als auch unendliche Indexmengen I. Dies ist gerade das *karthesische Produkt*.

Die Abbildungen p_i sind gerade die Projektionen $p_i : U \rightarrow S_i$ des Produkts auf die einzelnen Komponenten.

Die Abbildung $f : S \rightarrow U$ ergibt sich wie folgt: Für jedes $a \in S$ ist $f(a) = (f_i(a)) \in U$.

Ist $|S_1| = a$, $|S_2| = b$, so ist $|S_1 \prod S_2| = a \cdot b$.

Das Ganze ist deutlich mehr als die Summe seiner Teile, der größte Teil der „Information" ist relationaler Natur.

Kategorie der Vektorräume. Auch in dieser Kategorie existieren direkte Produkte U sowohl für endliche als auch unendliche Indexmengen I.

Für endliche Indexmengen unterscheiden sich die direkte Summe und das direkte Produkt von Vektorräumen (auf den ersten Blick) nicht.

Das direkte Produkt besteht aber nur aus Vektoren, die nur an endlich vielen Stellen von null verschiedene Einträge haben, das direkte Produkt ist das volle kartesische Produkt.

Ist der Grundkörper abzählbar (etwa $K = \mathbb{Q}$) und I auch, so bleibt die direkte Summe abzählbar, das direkte Produkt ist aber bereits überabzählbar.

Auch hier enthält also das direkte Produkt deutlich mehr Information als die direkte Summe.

Submersive und immersive Systemtheorien. Systemtheorien machen selten einen Unterschied zwischen diesen beiden Zugängen. Zur Unterscheidung der Zugänge bezeichnet man Systemtheorien, in denen das erste Modellierungsprinzip dominiert, als *immersive* Systemtheorien. Man erkennt sie daran, dass ihre Konstruktionen wesentlich auf Einbettungen (Immersionen) aufbauen.

Systemtheorien, die auf dem zweiten Modellierungsprinzip aufbauen, bezeichnet man als *submersive* Systemtheorien. Man erkennt sie daran, dass ihre Konstruktionen wesentlich auf Projektionen (Submersionen) aufbauen und damit auf Prozessen gestaffelter Komplexitätsreduktion.

Die Theorie dynamischer Systeme ist eine submersive Systemtheorie.

2.6 Emergente Phänomene

„Das Ganze ist mehr als die Summe seiner Teile". Dies trifft *nur* auf den submersiven Systembegriff zu, ist allerdings ein wesentliches Konstitutionsprinzip komplexer Systemzusammenhänge. Dazu folgende Themen (an Hand der entsprechenden Wikipedia-Einträge):

- Nichtlineare Systeme und Phasenübergänge.
- Selbstorganisation in dissipativen Strukturen

    - Rayleigh-Bénard-Konvektion (Bénardzelle)
    - Belousov-Zhabotinsky-Reaktion

- Dissipative Strukturen
- Temperatur als emergentes Phänomen
- Entropie und Enthalpie.
- Die Erde als dissipatives System

3 Einführung in Systemwissenschaft, Nachhaltigkeit und Allgemeine Systemtheorie (Lautenschläger)

Literatur: [3], [34], [4]

Ziel dieses Termins war es u.a., eine Liste von Begrifflichkeiten aufzustellen, die in Systemtheorien immer wieder auftreten und für das Verständnis der Seminarinhalte zentral sind.

Im Seminar wurde das Thema in zwei Vorträgen von Sabine Lautenschläger und Lydie Laforet vorgestellt.

Im folgenden Text werden einige Aspekte der Theorie dynamischer Systeme (TDS) mit den von Lautenschläger und Laforet vorgetragenen Systemtheorieansätzen abgeglichen und damit zugleich einige Punkte der TDS genauer ausgeführt.

3.1 Bertalanffys Allgemeine Systemtheorie

Bertalanffy entwickelt in [3] zunächst die Grundlagen der TDS im Verständnis jener Zeit. Der Bezugstext steht damit ganz am Anfang einer stürmischen Entwicklung der TDS in den 1960er und 1970er Jahren, die zu fundamental neuen Einsichten in die Vielfalt von Formen der Lösungen gewöhnlicher Differentialgleichungssysteme geführt haben. Bereits in diesem Gebiet[1] finden sich erstaunliche Phänomene wie der Lorenzattraktor, deterministisches Chaos, das Ende des Trajektorienbegriffs und fraktale Gebilde. Mit par-

---

[1]In den Gleichungen werden nur zeitabhängige Ableitungen zugelassen, keine partiellen Ableitungen nach auch noch anderen Parametern, das Gebiet der *partiellen Differentialgleichungen* wird also noch nicht betreten.

tiellen Differentialgleichungen kommen noch Solitonen[2] hinzu. [3] vermittelt also nur eine erste Ahnung möglicher Phänomene. Die mathematischen Betrachtungen verwenden allein Taylorreihen und beschränken sich damit auf Phänomene nahe einer Gleichgewichtslage, können also mathematisch auf Fließgleichgewichte (ohne wesentlich vereinfachende Annahmen) nicht einmal angewendet werden.

Seine wissenschaftstheoretischen Überlegungen fußen auf der Analogie entsprechender mathematischer Beschreibungsformen in verschiedenen Wissenschaftsgebieten[3] und stellen damit nach meinem Verständnis auf *methodologische* Ähnlichkeit von Zugängen und *nicht* auf Isomorphie von Strukturen (so Lautenschläger) ab. Dass Bertalanffys Zugang *deduktiv* sei, kann sich damit auch maximal auf den mathematisch-deduktiven Kern seiner Argumentation beziehen, nicht aber auf die weitergehenden wissenschaftstheoretischen Beobachtungen, bzw. dies wäre noch genauer zu belegen.

3.2 Der Raumbegriff der TDS

Der Raumbegriff der TDS entwickelt sich aus dem physikalischen Begriff des *Phasenraums.* So „lebt" ein klassisches Vier-Teilchen-System in einem 12-dimensionalen Phasenraum, der durch die 4×3 Raumkoordinaten aufgespannt wird. Derartige Phasenräume dienen zunächst der Koordinatisierung der Bewegungsgleichungen, allerdings sieht bereits die Physik in solchen Koordinatenabhängigkeiten einen Mangel, da die Gesetze unter Koordinatentransformationen

---

[2] Auf dieses Phänomen bin ich in meinem Seminar nicht eingegangen, obwohl diese Strukturen, die in vielen Systemen partieller Differentialgleichungen als Lösungen auftreten, zu einem vollkommen neuen Verständnis des Welle-Teilchen-Dualismus führen. Siehe dazu `https://de.wikipedia.org/wiki/Soliton`.

[3] Komplexe Systemtheorie stellt die Adäquatheit derartiger Beschreibungen heute selbst in Frage.

invariant sein müssen, also letztlich koordinatenfreie Beschreibungen mehr Einsicht in bestehende Zusammenhänge vermitteln. Damit steht zugleich die Frage, invariante geometrische Strukturen in solchen höherdimensionalen Phasenräumen zu beschreiben.

Derartige Fragen sind Gegenstand zum Beispiel der algebraischen Geometrie oder der Differentialgeometrie. In diesen Beschreibungen (der invarianten geometrischen Gebilde) treten ihrerseits Räume auf, die sich etwa im Konzept der *Vektorbündel* „materialisieren" als *Sprache*, um geometrische Eigenschaften der betrachteten invarianten Strukturen zu beschreiben (wie Fasern, Keime, Schnitte, Obstruktionen zur Fortsetzbarkeit von Schnitten, Homologieklassen als Strukturen derartiger Obstruktionen usw.).

Im Bereich der Analysis wird der Raumbegriff weiter verallgemeinert zu unendlich-dimensionalen Banach- und Sobolev-Räumen, in denen sich gewisse mathematische Konzepte (etwa das Lebesgue-Integral) überhaupt erst entfalten lassen für Situationen, wo man mit „klassischen" Lösungen nicht mehr weiterkommt. Theorien (wie etwa der Banachsche Fixpunktsatz) lassen sich überhaupt erst auf der Basis derart verallgemeinerter Raumbegriffe konsistent entwickeln.

3.3 Steady State und Fließgleichgewichte

Diese Begriffe entwickeln sich später zum Begriff des *Attraktors* weiter. Zugleich wird erkannt, dass derartige Attraktoren extrem komplexe Gestalt haben können, womit eine Unterscheidung zu chaotischem Verhalten allein auf phänomenologischer Ebene schwierig wird. Zugleich wird die Rolle auch *negativer Attraktoren* erkannt. Derartige Strukturen und Strukturbildungsprozesse sind typisch für dissipative Prozesse fern von Gleichgewichtszuständen, die durch einen gewissen Durchsatz von Materie und Energie getrieben werden. Der Durchsatz von Information spielt dabei keine Rolle[4]. Ich komme unten auf diese Frage zurück.

3.4 Komplexe und komplizierte Systeme

Diese Unterscheidung habe ich überhaupt nicht begriffen. Sicher kann man einen solchen Unterschied nicht an der Zerlegbarkeit eines technischen Artefakts („ein Auto ist kompliziert, nicht aber komplex") festmachen, da ein entsprechender Technikbegriff noch deutlich hinter dem des VDI [47] zurückbliebe, der zum System wenigstens noch „Herstellung" und „Verwendung" des Artefakts (oder – dort bereits deutlich – „Sachsysteme") rechnet.

Eine solche Unterscheidung lässt sich nach meinem Verständnis ausschließlich an den Beschreibungsmethodiken festmachen, die etwa im Potsdamer Manifest [48] als „mechanisch-materialistisch" und „geistig-lebendig" unterschieden werden. Damit kommen wir aber sofort auf grundlegende Fragen, welche Technik- und Wissenschaftsverständnisse überhaupt nur Grundlage für „Nachhaltigkeit" sein können und welchen Anteil das Wert-Nutzen-Denken des homo oeconomicus oder auch nur des homo faber an der aktuellen Krise unserer fossil basierten Produktionsweise hat.

Carlowitz hat vor 250 Jahren wenigstens noch über eine nachhaltige Bewirtschaftung der nachwachsenden Ressource „Holz" raisonniert[5]. Unsere gesamte Technik und Wissenschaft hat sich seither rasant weiterentwickelt, allerdings auf der Basis *fossiler* Rohstoffe,

---

[4]Siehe dazu etwa noch einmal
https://de.wikipedia.org/wiki/Dissipative_Struktur.

[5]Dass Carlowitz' Probleme eng mit der aufkommenden kapitalistischen Produktionsweise zusammenhängen und vergleichbare Probleme der Bewirtschaftung von Infrastrukturen vorher mit den lokalen Allmendegesetzen stabil prozessiert werden konnten, hat Elinor Ostrom klar gezeigt, siehe etwa [44].

die sich definitiv *nicht* in so kurzen Zeiten regenerieren wie sie verbraucht werden. Die damit verbundenen grundlegenden Probleme habe ich bereits in der 2. Vorlesung („Peak Oil? Peak Everything!") angeschaut. Siehe dazu auch [10], [18].

3.5 Informationsbegriff

„Komplexe Systeme sind lernfähig" (Laforet). Lernfähigkeit setzt nach meinem Verständnis 1) Reflexionsfähigkeit und 2) Selbstreflexionsfähigkeit voraus. Ich denke nicht, dass der Begriff „komplexes System" derart eingeengt werden sollte. Insgesamt sind wir bei diesem Ansatz bei Informationstheorien auf dem Stand der 1970er Jahre, etwa [43][6], die Klaus Fuchs-Kittowski [14] in der Unterscheidung zwischen Kybernetik 1. und 2. Ordnung noch einmal resümierte. Dieser Ansatz wurde bereits Ende der 1990er Jahre in Debatten zwischen Janich, Capurro, Fleissner, Hofkirchner u.a. fundamental kritisiert. Dazu etwa [24], [7], [8], [9], [27].

---

[6] „Geschichte ist die uns überlieferte Information über frühere Versuche, die Zukunft zu gestalten." (ebenda, S. 5)

4 Zum Verhältnis von Systembegriff und Wirklichkeit (Kleemann)

Grundlegendes Problem menschlicher Verhandlungs- und Entscheidungsstrukturen ist die Frage, wie wir die Vielfalt der Sichten auf die Wirklichkeit („Welten" in Termini der Vorlesung) mit der Einheit der Wirklichkeit abgleichen können. „Das, was wirklich geschieht" ist uns nicht direkt sprachlich zugänglich, sondern nur über kooperative Sprachformen, die Erwartetes mit Gewesenem abgleichen können. Siehe dazu auch die Anmerkungen[7] zu einem anderen Seminar im Dorfwiki. In diesem Sinne gilt „Welt als Wirklichkeit *für uns* ist Wirklichkeit im Prozess begrifflicher Erfassung" (Vorlesung). Und in diesem Sinne sind die Begriffe *Welt* und *Wirklichkeit* im weiteren Text zu verstehen.

Mit dem Systembegriff wird versucht, diese Nahtstelle von Sichten und Wirklichkeit selbst in eine Sprachform zu bringen und damit den Begriff *Ganzheitlichkeit* zu entwickeln. Kleemann hat in seinen Ausführungen diese Versuche über die letzten 300 Jahre, also im Wesentlichen im Kontext bürgerlicher Gesellschaftsverhältnisse, nachgezeichnet. Nach einer motivierenden Vorbereitung, auf die ich aus systematischen Gründen erst später eingehe, hat er fünf Entwicklungsschritte identifiziert, in denen sich der Ganzheitlichkeitsbegriff im betrachteten Zeitraum entwickelt hat.

1. Am Übergang des 17. zum 18. Jahrhundert herrschte folgende Sichtweise (etwa Leibniz) vor: Die Ganzheit der Welt (hier als *Wirklichkeit*, diese Unterscheidung wurde damals so noch nicht getroffen) kann überhaupt nur aus einer Innenperspektive erfasst werden, denn

---

[7]http://www.dorfwiki.org/wiki.cgi?HansGertGraebe/SeminarWissen/
2019-10-24

die Welt bewegt sich aus sich heraus und in sich selbst; es gibt kein *Außen*. Damit wird der Beweis göttlicher Schöpfung als Anspruch verworfen, da dieser Gedanke einer weiteren Entwicklung der technischen Möglichkeiten der Menschheit im Wege stand. Dieser Ansatz findet sich übrigens bereits in der Archimedes zugeschriebenen Position, dass er nur einen festen Punkt außerhalb der Welt bräuchte, um jene aus den Angeln zu heben.

2. Ab Ende des 18. Jahrhunderts: Die Ganzheit der Welt wird als Einheit der Wirklichkeit postuliert, die aber nur durch Beschreibungsformen praktisch-planerisch zugänglich ist. Deshalb geht es um die Ganzheit und Geschlossenheit der Beschreibungsformen. Um den nicht hintergehbaren Widerspruch zwischen Beschreibungsformen und Wirklichkeit in die Beschreibungsformen aufzunehmen, werden die Begriffe *System* (mit einem Geschlossenheitsanspruch) und *Organismus* (als prinzipiell unvollständige Beschreibungsform von Teilen der Wirklichkeit) geschieden. Einem (konstruktiven) Technikbegriff ist jene systemische Welt zugänglich, aber noch nicht die organismische. Es werden jedoch Erfahrungen aus jener mechanistisch-technischen Welt auf die Beschreibungsformen jener „Organismen" übertragen mit entsprechenden Folgen auch für ein Menschenbild, siehe etwa (als frühes Werk der Periode) *Der Mensch als Maschine* von Julien Offray de la Mettrie.

3. Ab Ende des 19. Jahrhunderts können etwa energetische Experimente mit *Organismen* durchgeführt, damit die Beschreibungsformen von Organismen selbst einer rational-kritischen Würdigung unterzogen und mit Mitteln der mechanistisch-technischen *Welt der Systeme* analysiert werden. Neben der spekulativ-induktiven Methode der Verallgemeinerung von Beobachtungen entwickelt sich eine symbolisch-deduktive Methode, in der Logik und Mathematik als Komplettierungsinstrumente für Theoriegebäude mit Ganzheitsanspruch in Stellung gebracht werden. Diese *geschlossenen Theorien* begründen

(a) eine neue argumentative Tradition des Verhältnisses von Induktion und Deduktion (einen Begriff von „Science" in der im angelsächsischen Sprachraum verbreiteten Bedeutung) und

(b) eine Aufspaltung in Einzelwissenschaften, deren Vertreter den intern stehenden (deduktiven) Ganzheitsanspruch an das jeweilige Theoriegebäude gern mit dem alten (induktiven) Ganzheitsanspruch einer „Welterklärung" verwechseln (Naturphilosophie, Empiriokritizismus).

4. In der ersten Hälfte des 20. Jahrhunderts führen diese zwei Linien zum Schisma in *Science* und *Humanities*. Kleemann verfolgte vor allem die Linie *Science*, in der sich die interessanteren Entwicklungen bzgl. der Sprachformen vollzogen, in denen sich der Widerspruch zwischen dem Geschlossenheitsanspruch von Theorie und der Ganzheit und Einheit der Wirklichkeit entwickelt.

Hier ist zunächst der Versuch zu nennen, diesen Widerspruch durch einfache Identifizierung der Pole zu lösen: Die Versuche (Russell, Hilbert, Bernays u.a.) zu zeigen, dass mit dem Geschlossenheitsanspruch der Theoriebildung die Ganzheitlichkeit der Wirklichkeit prinzipiell sprachlich eingefangen werden kann. Dieser Versuch scheitert aber mit Kurt Gödel bereits an der ersten ernsthaften Frage: Ist das zu entwickelnde theoretische Instrumentarium geeignet, den gestellten Geschlossenheitsanspruch in der Anwendung auf sich selbst einzulösen? Die verblüffende Antwort lautet nicht nur „Nein", sondern die Antwort kann mit den Mitteln jenes Theorieansatzes sogar *bewiesen* werden, ist also nicht spekulativen, sondern deduktiven Typs.

Auf der anderen Seite formen sich Bereiche (Einzelwissenschaften), in denen sich je spezifische Balancen zwischen spekulativen und deduktiven Ansätzen herausbilden, der Geschlossenheitsanspruch also eine je innerdisziplinäre sozialisierungsbasierte Institutionalisierung (Fachlogik) erfährt. Diese Fachlogiken, die T.S. Kuhn als *Paradigmen* bezeichnet, stehen ihrerseits aber in dialektischen Entwicklungsprozessen bis hin zu Brüchen (Kuhn untersucht derartige Paradigmenwechsel intensiv).

Als dritte Entwicklungslinie jener Zeit verwies Kleemann auf die beginnende *Technisierung* von Science im Sinne einer technischen Werkzeugunterstützung von Versuchsaufbaustrukturen bis hin zu repetitiven Vorgängen innerhalb jener Sprachformen einer mathematisch-deduktiven Argumentation. Turing greift ältere derartige Ansätze (Rechenmaschinen von Leibniz und Pascal, die „Analytical Engine" von Babbage und Lady Lovelace) im zunächst theoretischen Konzept der Turingmaschine (1936) auf, das in der *Turing-Bombe*, der Entschlüsselung der Chiffrierung der deutschen Enigma bereits im Vorcomputerzeitalter einen ersten Höhepunkt praktischer Anwendung hat.

Die Turingmaschine ist zugleich eine „Gödelmaschine", denn sie setzt den Gödelschen Unvollständigkeitsansatz maschinell um: Das unendliche Eingabeband führt zu einer unendlichen Abfolge innerer Zustände, repetitive Zustandsstrukturen sind – im Gegensatz zur engeren Klasse der Kellerautomaten – an repetitive Inputs gebunden.

5. Seit den 1960er Jahren setzt sich jene instrumentelle Untersetzung mathematisch-deduktiver Ansätze in Kybernetik, Regelungssystemen, KI, Automatisierungstechniken usw. fort. Die instrumentelle Untersetzung von Automatisierungstechniken ist allerdings deutlich älteren Datums – mechanische Regelwerke existieren seit Tausenden von Jahren, der Einsatz komplizierter, mechanisch fundierter Prozess-Steuerungen begleitet die Automatisierungstechnik seit den Anfängen der industriellen Produktionsweise Mitte des 19. Jahrhunderts, Zuses Z1 (1937) verwendete noch komplett eine derartige Technologie und selbst Zuses Z4 (1945) war nach dem Übergang zu einer Technologie mit elektro-mechanischen Relais nur halbherzig „elektrifiziert".

Dem gesamten ingenieurtechnischen Konzept eines *Stands der Technik* liegt ein solcher mathematisch-deduktiver Geschlossenheitsanspruch zu Grunde, der mit Blick auf die prinzipielle Orientierung von Technik am Lösen von Problemen aber interdisziplinär ist und damit die mathematisch-deduktiv begründeten Geschlossenheitsansprüche jeder Einzelwissenschaft nur zu einem sozio-praktisch begründbaren Geschlossenheitsanspruch zusammenführen kann. Mit der fortschreitenden Durchdringung unserer Produktionsweise mit wissenschaftssprachlich fundierten Praxen und fortschreitender Technologisierung reproduziert sich damit der dialektische Widerspruch zwischen der Vielfalt der (nun instrumentell hochgradig aufgeladenen) Welten (der Einzelwissenschaften) und der Einheit der Wirklichkeit auf neuem Niveau.

Die Frage ist keineswegs nur von akademischem Interesse, denn in einer hoch technisierten Gesellschaft, in der zweckgerichtetes instrumentelles Handeln die Grundform praktischen Tuns ist, steht immer die Frage, was ist Subjekt und was Objekt oder – in Termine von TRIZ – was ist Werkzeug und was Produkt. Gestaltung betrifft Menschen, womit jene (in *dieser* Handlungslogik) immer auch Objekt und Produkt von Handeln sind. Auch TRIZ perpetuiert diesen Ansatz, der in der *Handlungsplanung* einen äußeren Standpunkt einnimmt, um dann im *Handlungsvollzug* „die Welt aus den Angeln zu heben" wie einst Archimedes. Wir haben in der Grundfrage über die fünf Stufen hinweg eigentlich nichts gewonnen und bewegen uns *in dieser Frage* weiter auf der Ebene spekulativer Gesellschaftstheorien, wie Kleemann am Beispiel von Talcott Parsons' AGIL-Ansatz genauer ausgeführt hat.

Kleemann kondensierte seine Ausführungen in fünf Problemen, denen sich jede Systemtheorie stellen muss, wenn sie nicht in den Verdacht geraten will, nur soziopolitische Legitimation spezifischer Interessenkonstellationen zu sein:

- Problem 1: Was ist innen und außen?
- Problem 2: Der Systemaufbau. Was ist Input und Output?
- Problem 3: Entwicklung eines tragfähigen Begriffs von Information als systemische Grundlage
- Problem 4: Was ist dann Nachhaltigkeit?
- Problem 5: Die politische Dimension

Das Ringen um einen tragfähigen Systembegriff ordnet sich damit ein in das Ringen um die Herstellung von Sprachfähigkeit in den Gestaltungs- und Entscheidungsprozessen der bürgerlichen Gesellschaft, auf die Kleemann im ersten Teil seiner Ausführungen (allerdings nicht unter einer derart expliziten Überschrift) einging. Auf dem Weg der Stärkung der symbolisch-deduktiven Basis dieser Sprachfähigkeit als Grundlage der wissenschaftlich-technisch verfassten modernen Produktionsweise geht es auf einer *ersten Ebene* um die Begründung der Bedeutungen von Begriffen. Auf einer *zweiten Ebene* geht es um die Bündelung von Begriffen zu praktisch bedeutsamen Systemen (Ontologien) als sprachliche Komponente bewährter und institutionalisierter Praxen und Verfahrensweisen. Das Verhältnis zwischen beiden Ebenen ist ein synergetisches (wie im Konzertbeispiel in der ersten Vorlesung besprochen): Die verfügbaren Begriffe begrenzen und ermöglichen Praxen auf Systemebene, umgekehrt entwickeln sich Begriffe im Kontext systemischer Praxen weiter. In der Vorlesung wird dies auf folgenden Punkt gebracht: Bedeutung **ist** der Gebrauch von Begriffen. Begriff und System stehen damit in einem reflexiven Verhältnis, welches unsere Handlungsmacht definiert.

Diese Handlungsmacht wollen wir für eine Transformation der Gesellschaft in Richtung einer nachhaltigen Produktionsweise einsetzen. Die Vielfalt der Welten, die beim Wechselverhältnis von Ebene 1 und 2 noch kein Problem ist, wird nun aber zum Problem, denn mit dem Nachhaltigkeitsanspruch tritt das dialektische Wechselverhältnis von Vielfalt der (sprachlich konstituierten) Welten und der Einheit der Wirklichkeit unmittelbar auf die Tagesordnung. Es gibt keinen externen Standpunkt, von dem aus sich ein nachhaltiger Umgang mit der Wirklichkeit instrumentell erzwingen ließe. In diesem Sinne müssen wir offen sein dafür, dass Nachhaltigkeitsfragen auch zu einer wesentlichen Änderung dessen führen, mit welchen Begriffen und Systemen wir an jenes dialektische Verhältnis herangehen. Wir müssen nicht nur lernen, das Denken in Kreisläufen in unser instrumentelles Vorgehen einzubauen, sondern das instrumentelle Vorgehen selbst zu einem Vorgehen in Kreisläufen transformieren.

In diesem Sinne stehen auch Begriffe/Systeme einerseits und Nachhaltigkeit andererseits in einem synergetischen Verhältnis. Billiger ist das Semantic Web nicht zu haben.

5   Systembegriffe in der Praxis (Gräbe)

Literatur: `https://wumm-project.github.io/2019-08-07`

In den bisherigen Seminaren wurde eine Vielfalt von Kontexten betrachtet, in denen ein Systembegriff verwendet wird.

In der *Theorie Dynamischer Systeme* ging Gräbe vor allem auf mathematische Beschreibungsformen von Modellen ein, die sich wesentlich auf zwei Zeitebenen – einer Mikro- und einer Makroevolution – entfalten.

In den von Laforet und Lautenschläger vorgestellten Theorieansätzen ging es um die Verbindung zwischen komplexen Beschreibungsformen und Handlungsvollzügen, an denen eine Vielzahl von Akteuren beteiligt ist. Bereits dabei wurde deutlich, dass es schwierig ist, einen Systembegriff allein aus den Beschreibungsformen zu entwickeln.

Im Beitrag von Kleemann wurde dieser Gedanke noch einmal vertieft und in den historischen Entwicklungskontext eines *Ganzheitlichkeitsanspruchs* gestellt, in dem die Differenz zwischen den Erwartungen (kodiert in den Beschreibungsformen) und den Erfahrungen (aus den Handlungsvollzügen) praktisch prozessiert werden kann. In den Ausführungen wurde deutlich, in welch engem Zusammenhang die jeweils historisch-konkreten *Formen* jenes Prozessierens mit dem konkreten *Stand der Technik* stehen. Mit dem aktuellen *digitalen Wandel* eröffnen sich gerade auch hier vollkommen neue Möglichkeiten, die in einer Debatte um das **Semantic Web** nicht nur in ihrer technischen Dimension auszuloten sind.

Im Gegensatz zu anderen Seminaren war diesmal als Grundlage keine akademische Arbeit ausgewählt worden, sondern der Zusammenschnitt einer Diskussion unter TRIZ-erfahrenen Personen über das

Verhältnis theoretischer und praktischer Dimensionen eines System-begriffs, der in der TRIZ-Methodologie eine wichtige Rolle spielt. Der Systembegriff taucht dort etwa im *Systemoperator* oder bei den *Gesetzen der Evolution technischer Systeme* auf, ist aber anderer-seits nur unscharf gegen Begriffe wie Funktion, Komponente, Element, Produkt oder Objekt abgegrenzt. Genau um die Problematik einer solchen Abgrenzung ging es in jener Diskussion und auch in der Diskussion im Seminar.

Das Ergebnis unserer Diskussion lässt sich wie folgt zusammenfassen. Der Systembegriff dient der Abgrenzung eines Beschreibungs- und Handlungsraums, in dem die Umsetzung eines gewissen Bündels von Zwecken planerisch-beschreibend und auch im Handlungsvollzug konzentriert ist. Die Abgrenzung erfolgt einerseits nach dem *Relevanzkriterium* und damit submersiv, andererseits nach dem *Beeinflussungskriterium* und damit immersiv. Letzteres wurde besonders strittig diskutiert, aber zum Ende als *Einbettung in vorhandene Praxen* erkannt. Diese Praxen treten einerseits als vorgefundene institutionalisierte „äußere" Bedingungen (Obersystem in der TRIZ-Terminologie), andererseits als vorgefundene technische Mittel (Komponenten in der TRIZ-Terminologie) in Erscheinung. Ob eine solche Trennung auf dem Hintergrund des in der Vorlesung entwickelten Technikbegriffs sinnvoll ist, sei dahingestellt.

Das Begreifen einer derartigen *begriffliche Weiterentwicklung* (in der Vorlesung heißt es dazu „Welt als Wirklichkeit für uns ist Wirklichkeit im Prozess begrifflicher Erfassung") vorgefundener Bedingungen kann sich prozessual am Konzertbeispiel aus der Vorlesung orientieren, besser aber noch am Konzept einer *Software aus Komponenten*, nach dem heute moderne IT-Systeme entworfen und realisiert werden. Derartige aus Komponenten zusammengesetzte Systeme sind generell der zentrale Ansatz modernen ingenieurtechnischen Handelns, und die Informatik musste sich lange fragen lassen, warum ein solcher Ansatz dort keine Rolle spielte. Hier sind in den letzten 10 Jahren klare Weiterentwicklungen zu verzeichnen.

Komponenten gehen in solche Systeme vor allem mit der von ihnen bereitgestellten Funktionalität ein. Gleiches gilt für den dissipativen Durchsatz, der die Strukturbildungsprozesse innerhalb des Systems antreibt, wenn so etwas zu berücksichtigen ist. Komponenten sind selbst wieder Systeme, wenn es darum geht, die *Bereitstellung* solcher Funktionen genauer zu beschreiben. Systembildung ist damit auf der einen Seite submersive Reduktion von Komplexität. Diese Perspektive berücksichtigt allerdings zunächst nur die *Aufbauorganisation* des Systems. In der *Ablauforganisation* müssen sich die Abläufe in den Komponenten mit den Abläufen im System koordinieren, was Quelle mannigfacher Restriktionen ist.

Der wesentliche eigene Beitrag auf Systemebene ist die Organisation des Zusammenspiels der Komponenten auf eine solche Weise, dass die verfolgten Zwecke erreicht werden. Dies wird in der spezifischen Interpretationsleistung des Konzertbeispiels ebenso deutlich wie in der spezifischen Leistung des aus Komponenten zusammengesetzten IT-Systems.

Die hohe zusätzliche Leistung, die bei letzterem in der Entwicklung einer *Systemarchitektur* liegt und damit die zusätzliche Unterscheidung zwischen *Systemtemplate* (Klasse) und *Systeminstanz* (Objekt) nahelegt, bleibt weiter auszuloten, zumal sich dabei Systembildungsprozesse ihrerseits in System-Komponenten-Dichotomien auf einer höheren Abstraktionsebene (etwa auf der Ebene von Geschäftsprozessen) einordnen lassen.

6 Organisation in lebenden Systemen (Laforet)

Literatur: [35], [46]

6.1 Vorbemerkungen

Strukturiertes Handeln geht von der Grundannahme aus, dass die Wirklichkeit zwar gelegentlich chaotisch erscheint, aber selbst strukturiert ist, womit eine grundlegende epistemische Frage darin besteht, Beschreibungsformen zu finden, mit denen diese Strukturiertheit adäquat erfasst werden kann. Zentraler Punkt ist dabei die Frage nach Beschreibungsformen für relative Stabilität sowie deren Entstehungs- und Auflösungsbedingungen.

Im Seminar versuchen wir auszuleuchten, welche Stellung ein Begriff **System** bei diesen Versuchen in verschiedenen wissenschaftlichen Zusammenhängen spielt. In den bisherigen Seminaren hatten wir den Systembegriff als Beschreibungsfokussierung identifiziert, mit der konkrete Phänomene durch „Reduktion auf das Wesentliche", also durch einen submersiven Zugang, einer Beschreibung zugänglich sind. Die Reduktion richtete sich auf mehrere Aspekte

- Abgrenzung des Systems nach außen gegen eine *Umwelt*, Reduktion dieser Beziehungen auf Input/Output-Beziehungen.
- Abgrenzung des Systems nach innen durch Zusammenfassen von Teilbereichen als *Komponenten*, deren Funktionieren auf eine „Verhaltenssteuerung" über Input/Output-Beziehungen reduziert wird.
- Reduktion der Beziehungen im System selbst auf „kausal wesentliche" Beziehungen.

Eine grundlegende Einsicht war, dass Systembeschreibungen ähnlich dem Konzertbeispiel aus der Vorlesung im Sinne einer „Wirklichkeit im Prozess begrifflicher Erfassung" stets auf bereits vorgefundene Beschreibungen aufsetzen. Die mit einer Systembeschreibung verbundene Reduktion setzt in diesem Sinne bestehende Beschreibungsformen auf drei Ebenen voraus, die mit der Weiterentwicklung der Beschreibung des Systems selbst (explizit oder implizit) weiterentwickelt werden sollen:

1. Eine wenigstens vage Vorstellung über die Input/Output-Leistungen der Umgebung.
2. Eine deutliche Vorstellung über das innere Funktionieren der Komponenten.
3. Eine wenigstens vage Vorstellung über Kausalitäten im System selbst, also eine der detaillierten Modellierung vorgängige, bereits vorgefundene Vorstellung von Kausalität im gegebenen Kontext.

Die Punkte 1 und 2 können ihrerseits in systemtheoretischen Ansätzen für die Beschreibung der „Umwelt" (hierfür ist allerdings die Abgrenzung eines Obersystems in einer noch umfassenderen „Umwelt" erforderlich) sowie der Komponenten (als Untersysteme) entwickelt werden, womit die Beschreibung von **Koevolutionsszenarien** wichtig wird, die ihrerseits für die Vertiefung des Verständnisses von Punkt 3 relevant sind.

6.2 Lebende Systeme

Im Seminar ging es zunächst um die Frage, ob es sinnvolle Kriterien gibt, „lebende" Systeme zu charakterisieren. Im Vergleich mit dem Phänomen der Bénard-Zellen zeigte sich, dass viele der diskutierten

Abgrenzungskriterien nicht greifen, die Diskussion von „Lebendig-keit" eher auf den Begriff „Offenes System" führt, für das – im Sinne **dissipativer Systeme** – nicht nur Input/Output-Funktionalitäten, sondern konkrete Input/Output-Durchsätze eng an innere System-dynamiken gekoppelt sind. Damit sind Fragen der inneren Struktur aber nicht nur an die *Funktionalität* von Input/Output gebunden, sondern hängen auch mit quantitativen Durchsatzraten und spezi-fischen Resonanzfrequenzen zusammen.

Das bedeutet allerdings, dass für die Beschreibung von Systemen nicht nur deren struktureller Aufbau von Bedeutung ist, sondern auch Prozess-Charakteristika des Betriebs selbst zu berücksichtigen sind.

Strukturierungen in der Zeit sind auch aus physikalischen Sys-temen wie dem Pendel – als **Resonanzen** – gut bekannt. Dort hängen derartige zeitliche Strukturierungen (Resonanzfrequenzen) eng mit räumlichen Ausdehnungen (etwa der Pendellänge) zusam-men. Zeit erscheint in solchen Systemen aber nicht als lineare Zeit, sondern als **Eigenzeiten** (Frequenzen), in denen sich Sys-temzustände (näherungsweise) wiederholen. Derartige Strukturmo-mente von Systemen spielten in den bisherigen Betrachtungen keine Rolle und werden auch im Ansatz in [46] nicht berücksichtigt, wenn allein *Flüsse* T_{ij} zwischen Systemkomponenten betrachtet werden, nicht aber deren zeitliche Strukturierung. Eigenzeiten, deren sys-temische Quelle noch zu identifizieren ist, spielen eine große Rolle in der Taktung sowohl biologischer („biologische Uhr") als auch technischer (Taktfrequenzen) Systeme und damit im koordinierten Zusammenspiel solcher Systeme.

6.3 Autopoiesis

In [35] wird dargestellt, wie historisch mit dem Begriff **Lebendig-keit** versucht wurde, eine Klasse von Systemen näher einzugrenzen. Diese Beschreibungsversuche gehen von der epistemischen Annahme aus, dass jene Systeme durch ein „geheimnisvolles" inneres Agens angetrieben werden, das Quelle der relativen Stabilität, der Strukturierung und der Reproduktionsfähigkeit des Systems ist. Mit dem Begriff der **Autopoiesis** wird dieser Gedanke der „Selbsterschaffung und -erhaltung" von Maturana und Varela auf einen größeren Bereich von Systemen ausgedehnt, die vergleichbare prozessuale Charakteristika aufweisen.

Eine solche Unterscheidung ist problematisch, da auch bereits Bénardzellen ähnliche Charakteristika (Stabilität, Struktur, Reproduktion) aufweisen, aber klar *auch* durch externe Größen beschrieben werden können. Neben einer „autopoietischen" Beschreibung – der Energiedurchsatz treibt das System an, die Konvektionszellen haben den „inneren Antrieb" immer größer zu werden, werden daran jedoch durch die „äußere Konkurrenz" anderer Bénardzellen gehindert, so dass sich „auf magische Weise" eine „optimale" Zellengröße einstellt – ist eine einfache physikalische Beschreibung möglich: Die „Optimalität" hängt mit den räumlichen Charakteristika des Gefäßes auf ähnliche Weise zusammen wie die Pendelfrequenz eines Pendels mit dessen Pendellänge. Das „innere Agens" wird zur Beschreibung also nicht benötigt.

Gleiches gilt für das Phänomen „Wetter". Die Herausbildung von Hoch- und Tiefdrucksystemen wird durch den Sonnenwind als Energie- und Partikelstrom angetrieben, Entstehung und Drehrichtung der entsprechenden atmosphärischen Wirbel kann durch die Corioliskraft im Gravitationsfeld der rotierenden Erde beschrieben werden. Wir haben also in erster Näherung eine ähnliche

Beschreibung der beobachteten Strukturierungen wie im Fall der Bénardzellen. Allerdings wird dieses System wesentlich durch einen weiteren Materiedurchsatz bestimmt – die Aufnahme und Abgabe von Wasser und die damit verbundenen Energieströme als Verdunstungs- und Kondensationswärme. Noch immer ist kein „inneres Agens" in Sicht, die Beschreibungsformen führen aber bereits auf Modelle mit sehr komplexem (kompliziertem?) Verhalten. Moderne Wettermodelle sind noch deutlich umfangreicher, deren Geneseprozess als „Fortschreiben bereits vorgefundener Modellvorstellungen" klar zu erkennen.

Die Beobachtungen von Elsasser [12], zitiert in [46]

- Es gibt keine Regeln für die Biologie, die den Kräftegesetzen der Physik ähneln, und
- Ökosysteme sind voller einzigartiger Events, die nicht mit bekannten statistischen Tools behandelt werden können,

erscheinen mit Blick auf das Phänomen „Wetter" zumindest zweifelhaft, da wir es dabei

- mit einem komplexen Wechselspiel primär physikalischer Gesetze zu tun haben,
- die (aus denselben Gründen der kombinatorischen Variantenexplosion wie bei Elsasser) zu lokal einzigartigen Wetterphänomenen führen, die dennoch mit klaren Komponentenkonzepten wie „Hoch" und „Tief" („Organisation" bei Maturana/Varela) sowie Instanziierungen, Dynamiken und Interdependenzen von Ausprägungen derartiger Komponenten („Strukturen" bei Maturana/Varela) ohne ein „inneres Agens" beschrieben werden können.

Im Gegenteil, das Postulat eines solchen „inneren Agens" weist eher auf Defizite der Modellierung hin, dass wesentliche Zusammenhänge der durch Input/Output-Ströme getriebenen Dynamik (noch) nicht erfasst sind.

6.4 Autokatalyse

Ein weiteres wichtiges Konzept in [46] ist das der Autokatalyse. Dieses Konzept spielt auch in der Theorie Dynamischer Systeme eine wichtige Rolle, etwa als chemische Autokatalyse in der *Belousov-Zhabotinski-Reaktion*. Derartige autokatalytische Prozesse spielen im Stoffwechsel „lebender" Materie eine herausragende Rolle – von der noch aus der Schule bekannten Beschreibung des *Energiestoffwechsels* einer Zelle über hormonelle Austauschprozesse zwischen verschieden spezialisierten Zellen in mehrzelligen Organismen bis hin zu autokatalytischen Prozessen zwischen Zellgruppen (Organen), an deren Vermittlung selbst Zellen (Blutzellen, T-Zellen, Lymphzellen) beteiligt sind. Wir erkennen an den wenigen Beispielen bereits eine Verschränkung autokatalytischer Vorgänge auf verschiedenen Zeitskalen, womit sich die argumentative Einführung in Maturana/Varela am Beispiel von Prozessen *innerhalb* einer Zelle in [35] als sehr speziell erweist.

Natürlich steht die Frage, ob die genannten Prozesse auf jeder dieser Ebenen als „autokatalytisch" durchgehen. Zumindest im Sinne positiver Feedback-Kreisläufe wie in [46] ist dies zu bejahen. Allerdings bleiben dort wesentliche Charakteristika autokatalytischer Prozesse ausgeblendet, die in der Theorie Dynamischer Systeme eine wesentliche Rolle spielen:

1. Autokatalytische Prozesse haben eine **Eigenzeit** und sind damit sowohl Quelle eigener Taktraten als auch Phänomenen der Resonanz und Dissonanz gegenüber getakteten Input/Output-Beziehungen unterworfen.

2. Positive Feedback-Kreisläufe führen – für sich genommen – in der Regel zu exponentiellem Wachstum. Stabilität autokatalytischer Prozesse ist also nur dann zu erklären, wenn auch der begrenzende Faktor identifiziert wird, der sich meist aus den Input/Output-Beziehungen ergibt, in welche das autokatalytische System eingebunden ist.

3. Diese externen Dynamiken, welche das Wachstum autokatalytischer Systeme begrenzen, sind oft selbst Teil eines autokatalytischen Systems.

Zu Punkt 2 ist zu bemerken, dass exponentielles Wachstum insbesondere aus linearen Differentialgleichungen resultiert, in denen der Zuwachs proportional zur bereits vorhandenen Substanz ist. Nichtlineare Differentialgleichungen können auch zu Systemen führen, deren Größe durch innere Parameter bestimmt sind.

Die im Punkt 3 thematisierte Verschränkung von Mikro- und Makroevolution wird in der Theorie Dynamischer Systeme intensiv untersucht, insbesondere wenn die Zeitskalen der Eigenzeiten von Mikro- und Makrosystem weit auseinander liegen. Dann kann auf kleinen Zeitskalen der durch das Makrosystem induzierte Durchsatz als Input/Output bei der Analyse der Dynamik der Mikrosysteme als konstant betrachtet werden. Umgekehrt kann auf der Makroskala davon ausgegangen werden, dass sich Volatilitäten auf der Ebene der Mikrosysteme „ausmitteln" und damit keine Bedeutung haben, das Mikrosystem als sich auf einer Attraktorlage bewegend angesehen werden und dessen Verhalten damit „deterministisch" modelliert werden kann.

7 Resilienz (Laforet, Lautenschläger)

Literatur: [22], [50], Zusatzliteratur: [6]

7.1 Stadt als System

An dieser Fragestellung ist besonders deutlich zu sehen, was „Wirklichkeit für uns als Wirklichkeit im Prozess begrifflicher Erfassung" bedeutet. Eine **konkrete Stadt** ist zunächst eine *Lebenswirklichkeit*, die als „Wirklichkeit für uns" bereits konzeptionell (im Begriff „Stadt") grob abgegrenzt ist. Diese Lebenswirklichkeit wird als strukturiert wahrgenommen, was in diesem Fall (eines kulturell überformten Systems) nicht nur eine epistemische Annahme ist, sondern auf einer Praxis aufsetzt, die auf der Basis bereits vorhandener strukturierter Beschreibungsformen die Wirklichkeit nach diesem Vorbild zu strukturieren versucht.

Oben wurden für Systembeschreibungen die folgenden **drei Reduktionsdimensionen** als „Reduktion auf das Wesentliche" thematisiert:

1. Abgrenzung des Systems nach außen gegen eine *Umwelt*, Reduktion dieser Beziehungen auf Input/Output-Beziehungen.
2. Abgrenzung des Systems nach innen durch Zusammenfassen von Teilbereichen als *Komponenten*, deren Funktionieren auf eine „Verhaltenssteuerung" über Input/Output-Beziehungen reduziert wird.
3. Reduktion der Beziehungen im System selbst auf „kausal wesentliche" Beziehungen.

Eine konkrete Stadt wie Leipzig ist ein „System von Systemen" in dem Sinne, dass es im Heute vielfältige vorgefundene Beschreibungs-

und auch Handlungssysteme gibt, die in einem Konzept „Stadt Leipzig als System" als *Komponenten* zu betrachten sind, deren Beschreibungen im Sinne von (2) in die Beschreibung des „Systems Stadt Leipzig" als über ihre Input/Output-Beziehungen einer Verhaltenssteuerung zugänglich eingehen. Ebenso ist die Abgrenzungsdimension (1) von außen verständlich als – in erster Näherung – der nicht weiter beeinflussbare Input/Output aus landes- und bundespolitischer Ebene, über den das „System Stadt Leipzig" Objekt externer Verhaltenssteuerung ist. Weniger klar ist die Reduktion der Beziehungen (3) – hier geht zentral die Frage ein, welche Beziehungen als „wesentlich" zu betrachten sind. Dies ist eng mit dem *Zweck* der Systembeschreibung zu verbinden. Dies kann (für Leipzig) zum Beispiel der praktische Erstellungs- und Abstimmungsprozess zum Integrierten Stadtentwicklungskonzept INSEK2030[8] als politisch vereinbarter Vision der Stadtentwicklung sein.

Liegt eine größere Zahl solcher Beschreibungen konkreter „Städte als System" vergleichbarer Strukturierung vor, so kann zur Modellierung eines **Templates** „Stadt als System" übergegangen werden, um die Erfahrungen der bisherigen konkreten Systemmodellierungen zu systematisieren und damit zukünftige Stadtmodellierungen zu erleichtern. Technisch gesehen ist eine solche *Templatisierung* mit einer *Standardisierung* und damit einer *Institutionalisierung* der konkreten Modellierungsprozesse verbunden. Damit sind zugleich die divergenten und die konvergenten Phasen der Modellierungsaktivitäten in Fortschreibung bereits existierender Beschreibungsformen thematisiert. Eine solche vergleichende Betrachtung der Mo-

---

[8]https://www.leipzig.de/bauen-und-wohnen/stadtentwicklung/
stadtentwicklungskonzept-insek/

dellierungen verschiedener Stadtsysteme wird erst möglich, wenn zu einem *Obersystem* übergegangen wird. Erst in einem solchen vergleichenden Kontext verschiedener Praxen können die dafür erforderlichen sprachlichen Mittel entwickelt werden.

Dies korrespondiert mit einem der TRIZ-Gesetze der Entwicklung Technischer Systeme, der *Tendenz des Übergangs zum Obersystem.*

7.2 System von Systemen

In den bisherigen Debatten war der Fokus auf ein genaueres Verständnis des Begriffs *System* gerichtet, der als Reduktion von Komplexität in den drei oben angeführten Richtungen betrachtet werden kann. Da in diesem Verständnis Komponenten eines Systems selbst wieder Systeme sind, liegt die Betrachtung eines Systems als „System von Systemen" nahe, wie es in [22] thematisiert wird. Wesentliches Reduktionskriterium für Beziehungen (3) sind in solchen Systemen spezifische Eigenzeiten und Eigenräume wie in den Abbildungen 1–3 in [22] dargestellt.

Der ebenda für einen solchen epistemischen Prozess geprägte Begriff der **Panarchie** bedarf aber einer weiteren Präzisierung durch Offenlegung und Diskussion der epistemischen Annahmen, die Hollings Argumentation zu Grunde liegen.

a)   Die **erste epistemische Annahme** betrifft die Auswahl vorgefundener Systeme (Systemkomponenten), die zu einem neuen System zusammengefasst werden. Dazu heißt es in [22, S. 392] „semiautonomous levels are formed from the interactions among a set of variables that share similar speed (and, we would add, geometric/spatial attributes)". Hinzuzufügen aus einer früheren Diskussion in unserem Seminar ist der Umstand, dass diese Komponenten

darüber hinaus in einem „autokatalytischen", positiven Feedback-
verhältnis stehen müssen, das allein Quelle von Wachstum und damit Entwicklung sein kann. Derartige Verhältnisse werden in anderen Kontexten als **synergetisch** bezeichnet. Die Beschreibung der
zentralen Dynamik eines solchen synergetischen Verhältnisses (in
welchem das Ganze mehr als die Summe seiner Teile ist) ergibt sich
aus dem *dynamischen Prozess* der Wechselwirkung der Systemkomponenten, wie er in den Abbildungen 4 und 5 in [22] dargestellt ist,
während die Systemkomponenten selbst in diese Beschreibung allein
durch ihre Input/Output-Charakteristika eingehen, die innere Dynamik der Komponenten aber, welche die Input/Output-Leistungen
garantieren, außer Betracht bleibt. Die Systembeschreibung ist damit eine **Fiktion** im Sinne des Gebrauchs dieses Begriffs in der
Vorlesung.

Die Erklärung der Leistung eines Systems ergibt sich unter diesen
epistemischen Voraussetzungen vor allem aus dem *Zusammenspiel*
der Komponenten. Dieses *Zusammenspiel* bestimmt dann auch wesentlich Eigenzeiten und Eigenräume des Systems.

Setzt man dieses epistemische Konzept rekursiv zusammen, dann
spielen Resonanzen und Dissonanzen der Dynamiken der Systemkomponenten eine wesentlich zentralere Rolle als rein quantitative
Durchsatzraten. Insbesondere steht die Frage, in welchem Umfang
sich in synergetischen Bindungen die Eigenzeiten von Komponenten
ändern können, um resonante Kopplungen herzustellen. Im Hand-
experiment zum Doppelpendel habe ich einen solchen Anpassungs-
effekt bereits vorgeführt. Ich möchte hier ein weiteres Beispiel aus
der Ökonomie anführen, das sich am Konzept der Kapitalumschlagzeiten als Eigenzeit einer systemischen ökonomischen Aktivität im
heutigen Wirtschaftskontext orientiert. Die Kapitalumschlagzeit eines Straßenhändlers, der morgens auf dem Großmarkt einkauft und

abends die Reste unverkäuflichere Ware entsorgt, beträgt einen Tag. Gleichwohl ist er von Obersystemen gezwungen, monatliche Bilanzen (für den Steuerberater) und Jahresbilanzen (für das Finanzamt) anzufertigen, was dem Händler weitere Aktivitäten aufzwingt, deren Eigenzeiten Vielfache der Kapitalumschlagzeit sind. Die Sache ist also einfach, wenn die Eigenzeiten auf Systemebene ein (gemeinsames) Vielfaches von Eigenzeiten der Komponenten sind. Ist dies nicht der Fall (etwa bei Kapitalumschlagzeiten von mehreren Jahren bei Investitionen), muss das System seinen Komponenten spezielle Synchronisationsleistungen zur Verfügung stellen, wie dies im konkreten Fall von Investitionen mit Abschreibungsmodalitäten geschieht, mit denen langfristig investiv gebundene Kapitale in die kurzfristigeren jährlichen Umschlagzeiten integriert werden, die das Finanzamt triggert. Das Risiko von Störungen (zu frühe faktische Außerdienststellung der Investition) bleibt dabei in der Systemkomponente (dem Unternehmen) gekapselt, das dafür ein angemessenes positives Feedback (den Profit) erhält, um das System insgesamt im Bereich synergetischer Kopplung zu halten.

Der Ansatz ist insoweit epistemisch geschlossen, als eine solche Betrachtung Eigenzeiten und Eigenräume von bereits vorgefundenen Systemen und Systembeschreibungen voraussetzt und die Modellierungsregel postuliert, dass nur Komponenten mit vergleichbaren (in dem oben prototypisch skizzierten weiten Verständnis) Eigenzeiten zu einem neuen System zusammengefasst werden, das Ausgrenzungkriterium (1) also *diesen* Punkt der Modellierung dominant beachtet.

In einem solchen Ansatz ist zugleich klar, dass die *Eigenzeit* des Systems deutlich größer ist als die seiner Systemkomponenten, da die Systemkomponenten gerade *nicht* mit ihrer eigenen internen Dynamik, sondern nur mit den durch diese Dynamik reproduzierten

Input/Output-Charakteristika, ihrem „Verhalten", in die Modellierung des Systems eingehen.

Geht man weiter davon aus, dass diese epistemische Annahme der Komplexitätsreduktion auch den meisten Formen kooperativer Selbstreflexion wenigstens höher entwickelter Tierarten zu Grunde liegt und diese damit versuchen, ihre kooperativen Praxen im Takt solcher Eigenzeiten aktiv zu synchronisieren, so schlägt die epistemische Annahme in eine Bedingtheit der Möglichkeiten kooperativen Handelns „autonomer Agenten" um. Die Dynamik der Wirklichkeit entfaltet sich als „sich selbst erfüllende Prophezeiung" des Handelns autonomer Agenten, das als Spannungsfeld zwischen begründeten Erwartungen und erfahrenen Ergebnissen ein Zukunftsfeld vorstrukturiert und damit Handlungsräume aktiv gestaltet.

b)   Die **zweite epistemische Annahme** betrifft die Beschreibungsformen der Systemdynamik selbst. [22] geht von längeren Phasen stabiler Entwicklung bis hin zu „konservativem Verhalten" (Phasen r und K) und kürzeren Phasen kompletten Systemumbaus (Phasen Ω und α) aus als „normale Systementwicklung", die dort als **adaptiver Zyklus** bezeichnet wird.

Die genaue beschreibungstechnische Basis bleibt im Dunkeln, die Ausführungen in [50] weisen darauf hin, dass hier eher auf eine Beschreibung der unmittelbaren Bewegung im Phasenraum orientiert wird, die aus irgendwelchen Gründen mit *Störungen* (disturbances) aufgeladen ist. Bilder wie die Abbildungen 1a und 1b in [50] werden allerdings dem Umstand nicht gerecht, dass wir grundsätzlich dissipative Prozesse weitab von Gleichgewichtslagen beschreiben wollen. Diese Differenz zwischen „zwei Bedeutungen des Resilienzbegriffs" wird in [6] klar herausgearbeitet. In einem solchen „Kontext zweiter Art" kann ebenfalls mit Begriffen wie „Potenzialbassins" gearbeitet werden, allerdings nur, wenn die systemischen Rückstellkräfte in der Nähe von „Fließgleichgewichten" – also systemischen Attraktoren – modelliert werden.

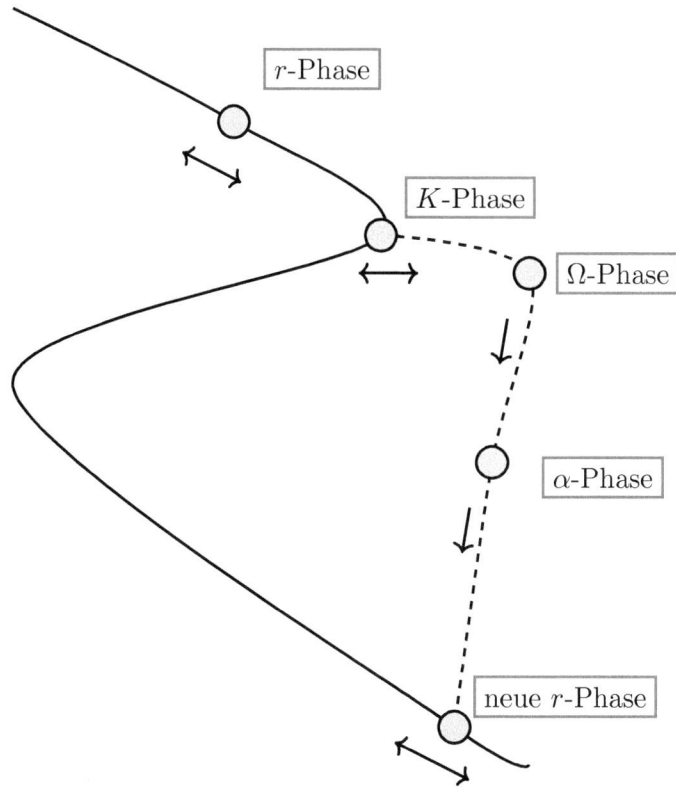

Eine solche Modellierung geht epistemisch davon aus, dass die realweltliche systemische Dynamik beschreibungstechnisch in einen dominanten „verstandenen" Basisteil und einen marginalen „unverstandenen" Rest zerlegt werden kann. Für den Basisteil lässt sich eine genauere Dynamik beschreiben, die das System in der Nähe eines Attraktors hält (durch entsprechende Rückstellkräfte, die „Störungen" dämpfen, allerdings nur in der Nähe des Attraktors beschreibbar rückstellend wirken). Damit kann in der Systembeschreibung erläutert werden, warum sich im System kleine Störungen nicht aufschaukeln, sondern „absorbiert" werden. Beim Absorbieren von Störungen bewegt sich der Referenzpunkt des Systems auf dem Attraktor, das System „entwickelt sich" (Phase r), wenn dies die lokalen Bedingungen für den Referenzpunkt auf dem Attraktor zulassen. Ein „konservierender Zustand" (Phase K) tritt ein, wenn die Rückstellkräfte (conservation forces) das System stets auf denselben Referenzpunkt auf dem Attraktor zurückführen, etwa, weil auf dem Attraktor eine gewisse *Extremlage* erreicht ist. Da das System auf dem Attraktor nur noch eingeschränkte Entwicklungsmöglichkeiten in der lokalen Umgebung des Referenzpunkts hat, können sich Störungen so weit aufschaukeln, dass der Bereich der Wirkung der Rückstellkräfte verlassen wird und das System in einen Zustand höherer Dynamik (Phase Ω) übergeht. Im Rahmen eines *adaptiven Zyklus* wird allerdings angenommen, dass das System relativ rasch zu einem anderen Ort auf dem Attraktor findet und so – ggf. auf Kosten innerer Umbauprozesse in den Systembeziehungen oder in den Systemkomponenten – sich selbst und damit seine nach außen ins Obersystem exportierte *Funktion* stabilisiert. Die „Katastrophe" bleibt lokal begrenzt.

Ähnliche 4-Phasen-Dynamiken (Frühling, Sommer, Herbst, Winter) sind aus der Theorie der *K-Wellen* (Kondratjew-Zyklus) bekannt und spielen auch in Schumpeters Ansatz einer „creative destruction" sowie bei den von T.S. Kuhn untersuchten Paradigmenwechseln in der Wissenschaft eine Rolle. Das Verhalten kann auch kurz als „evolutionäre Entwicklung des Systems durch revolutionären Umbau seiner Beziehungen und Komponenten" charakterisiert werden und ist ein wesentlicher Mechanismus, wie die systemisch lokale Begrenztheit von Umbauprozessen beschrieben werden kann.

c) Die **dritte epistemische Annahme** betrifft das Zusammenspiel der Dynamiken von System und Systemkomponenten (bzw. Obersystem und System), also die Beschreibungsform der Verschränkung von Mikro- und Makroevolution auf den jeweiligen kurzwelligen (Systemkomponenten) und langwelligen (System) Skalen.

In diesem Punkt können die Modellvorstellungen in [22] nicht überzeugen, da ein weitgehendes Nebeneinander der Dynamiken (Abbildungen 1-3, 6) bzw. nur ein loser Einfluss (Abbildung 7) postuliert wird. Der Ansatz der Theorie Dynamischer Systeme geht von einer deutlich intensiveren Verschränkung sowohl auf der Ebene der stofflichen Flüsse als auch der Taktraten aus. Beide (sowohl die quantitativen Charakteristika des Materiedurchsatzes als auch dessen Taktung) sind wesentliche Charakteristika der **Schnittstelle** zwischen dem System und dessen Komponenten – in die Modellierung des Systems geht sie in die Beschreibung der Systemdynamik ein, in die Modellierung der Systemkomponenten als die Input/Output-Charakteristika, welche die innere Dynamik der Komponente antreiben. Wir haben damit eine **vierte Reduktionsdimension** identifiziert, die für eine beschreibungstechnische Entkopplung der Dynamiken von System und Komponenten von Bedeutung ist. Erst *nach* einer solchen Reduktion lassen sich Ebenen von Systemen wie bei [22] sinnvoll voneinander scheiden, in denen das System auf der nächst höheren Ebene angesiedelt ist im Vergleich zu seinen Komponenten.

Holling verweist auf Simons Argumentation, „that each of the levels of a dynamic hierarchy serves two functions. One is to conserve and stabilize conditions for the faster and smaller levels; the other is to generate and test innovations by experiments occuring within a level" [22, S. 393], und betont, dass die zweite Funktion die entscheidende für das Funktionieren „adaptiver Zyklen" sei. Die eher anthropomorphe Beschreibung („Experimentieren") dieser zweiten Funktion habe ich oben auf ein klares Verständnis in der Sprache der Beschreibungen des Systemverhaltens relativ zu seinem Attraktor zurückgeführt. Mit der ersten Funktion wird behauptet, dass jedes System die Kapazität hat, stabilisierend auf die Dynamiken der kurzwelligeren Systemkomponenten zu wirken – dieser Effekt wird in der TDS auch als *Versklavungseffekt* bezeichnet. Dies wird allerdings durch die „panarchial connections" (Abbildung 7) konterkatiert, in der nicht nur eine Wirkung „remember" im Sinne dieser „ersten Funktion" postuliert wird, sondern auch eine weitere Funktion „revolt", mit welcher die Systemkomponenten Einfluss auf die Adaptivität des Systems nehmen.

Die epistemische Kausalität der Beschreibungslogik des Ansatzes „System von Systemen" geht von längerwelligen großräumigeren Dynamiken zu kurzwelligeren kleinräumigeren Dynamiken und ist deshalb wenig sensitiv für den zuletzt beschriebenen Stabilisierungseffekt in der umgekehrten Richtung. Im Kontext meines Handexperiments zum Doppelpendel hatte ich aber darauf hingewiesen, dass etwa die Bemühungen eines Kindes, eine Schaukel durch rhythmische Schwerpunktverlagerungen in Schwingung zu versetzen, genau einen solchen Einfluss demonstriert. Auch das Konzept „Abschreibungen" weist in die umgekehrte Richtung einer Integration langwelliger Phänomene in Systeme mit kürzeren Eigenzeiten. Wir haben überhaupt *nur* über derartige Mechanismen heute die Möglichkeit, die großräumigen Probleme, die unsere Wirtschaftsweise planetar verursacht, in den Griff zu bekommen.

7.3 Resilienz und Panarchie

[6] betont, dass der Begriff **Resilienz** in den Debatten vielfach
überladen ist. Im Kontext der Betrachtung dissipativer Systeme
(„the second kind of resilience to which we refer in this text" [6])
werden allein 10 Ansätze aus der Literatur aufgelistet, mit denen
Resilienz „with respect to the degree of normativity" gefasst wird.
Resilienz ist damit ein sehr problematischer Begriff, insoweit vorn
bereits „Normativität" hineingesteckt wird, die hinten als Option
politischen Handelns wieder herauskommen soll. Ein solcher Beschreibungsansatz muss nicht verkehrt sein, wenn er mit dem Henne-
Ei-Problem, das er in sich trägt, sauber – also dialektisch im Sinne
der Weiterentwicklung vorgefundener Verhältnisse – umgeht.

Resilienz ist dabei im Sinne von „Widerständigkeit" zu verstehen,
die einerseits die Fähigkeit zu relativer Stabilität, aber andererseits
die Fähigkeit auch zu radikalem Umbau umfasst, ohne die Qualität der Input/Output-Beziehungen in der eigenen Umwelt sowohl
quantitativ als auch qualitativ in Frage zu stellen. So heißt es in
[50] „resilience is the capacity of a system to absorb disturbance
and reorganize while undergoing change so as to still retain essentially the same function, structure, identity, and feedbacks." Resilienz
ist in diesem Sinne also die (zunächst qualitative) *Fähigkeit* eines
Systems, seine Input/Output-Charakteristika als funktionale Rolle
in Obersystemen auch unter Bedingungen eines möglichen syste-
minternen Umbaus beizubehalten. Eine halbe Seite vorher wurde
noch eine „major distinction between resilience and adaptability, on
the one hand, and transformability on the other" thematisiert, so
dass möglicherweise auch noch zwischen einer „transformability" im
Kontext von Resilienz und einer solchen jenseits dieses Kontexts
zu unterscheiden ist. Letztere wäre dann Teil eines umfassenderen
Umbauprozesses auch in höheren „levels", wie sie Holling etwa mit
seinem „Sternchenbeispiel" (Abbildung 9) thematisiert.

Zunächst steht allerdings die Frage, ob Resilienz eine allein qualitativ fassbare *Fähigkeit* oder doch eine, dann auch quantifizierbare „Kapazität" ist. Für Holling sind es zunächst die drei zu quantisierenden Eigenschaften adaptiver Zyklen (also von Systemen in unserem Verständnis)

- inhärentes Änderungspotenzial (wealth),
- interne Kontrollfähigkeit (controllability) und
- adaptive Kapazität oder Resilienz (adaptive capacity),

mit denen ein Maß für eine *potenzielle* Widerständigkeit (Resilienz?) definiert werden soll, welches einem einzelnen System als globale Zahl (?) zugeordnet werden kann.

Wir hatten bereits oben gesehen, dass derart generalisierende „emergente" Parameter aus Sicht der TDS wenig aussagefähig sind, wenn nicht das Potenzial der lokalen Dynamik um den Referenzpunkt des aktuellen Systemzustands auf dem Attraktor mit in die Betrachtung einbezogen wird. Das geschieht in [22] mit einem 4-Phasen-Modell, womit „Widerständigkeit" aber schon abhängig vom aktuellen Systemzustand wird. Eine Quantifizierung von Widerständigkeit in einem solchen Verständnis ist insbesondere nach einer Reorganisation des Systems in einer α-Phase vollkommen neu zu bestimmen, da sich der Referenzpunkt des Systems auf dem Attraktor dann weit entfernt vom ursprünglichen Referenzpunkt befindet.

Fasst man Resilienz als substantiviertes Adjektiv, so steht mit aller Schärfe die einfache Frage, *wovon* es denn eine Eigenschaft sei. Um sich dieser Frage zu nähern, führt Holling den Begriff der **Panarchie** als „representation of a hierarchy as a nested set of adaptive cycles" ein, für die er feststellt, dass „the functioning of those cycles and the communication between them determines the sustainability of a system." Wir sind also mit einem noch einmal anderen Systembegriff konfrontiert, der diesmal bereits die gesamte Panarchie umfasst sowie der Frage, in welchem Verhältnis die hier möglicherweise synonym gebrauchten Begriffe *resilience* und *sustainability* stehen. Zur Klarheit der Begriffe bezeichne ich im Weiteren diese Abstraktionsebene der Betrachtungen, die etwa in den Abbildungen 7 und 9 in [22] eine Rolle spielt, als *Panarchie* – in [6] auch als *Metasystem* bezeichnet – und reserviere die Bezeichnung *System* für die bisher eingenommene Abstraktionsebene, in der „adaptiver Zyklus" für die Beschreibung der Dynamik dieses Systems auf einer hohen Abstraktionsebene steht.

Wie bereits oben ausgeführt ist eine solche *Panarchie* als Beschreibungsform ein Zusammenspiel von Systembeschreibungen auf verschiedenen „Ebenen" (levels), die im Sinne der oben beschriebenen *vierten Reduktionsdimension* durch entsprechende API-Strukturen „kommunikativ" verbunden sind, deren epistemische Charakteristik sich in der Dichotomie von Spezifikation und Implementierung klassischer API-Strukturen der Informatik wiederfindet. Damit ist aber eine Panarchie keineswegs ein „nested set of adaptive cycles", sondern – wie bereits oben genauer erläutert – eine Beschreibungsstruktur ineinander greifender adaptiver Zyklen, die nach demselben epistemischen Reduktionsschema rekursiv ausgeführt sind und auch zu einer realweltlichen Strukturierung führen, wenn kooperative Subjekte diese Beschreibungsformen als Basis ihrer Handlungsvollzüge nehmen.

Entsprechend werden in [50] vier „crucial aspects of resilience" genannt:

- *Latitude:* Wie weit sind kritische Punkte (threshold) voneinander entfernt?
- *Resistance:* Wie „widerständig" ist ein System gegen Veränderung, wie „schnell" bewegt es sich im Phasenraum?

- *Precariousness:* Wie nahe ist der Systemzustand am nächsten kritischen Punkt?
- *Panarchy:* Welche „cross-scale interactions" haben Einfluss auf das System?

Diese Begriffe lassen sich in der TDS deutlicher in der Sprache systemischer Eigenzeiten und Eigenräume fassen.

Mit den beiden Pfeilen „revolt" und „remember" in Abbildung 7 von [22] wird suggeriert und auf S. 402 explizit postuliert, dass der Begriff Resilienz überhaupt nur unter Betrachtung von drei konsekutiven „Ebenen" einer Panarchie gefasst werden kann (was im Übrigen sehr genau mit dem Systemoperator von TRIZ zusammenpasst). Das ist allerdings unzutreffend, da „revolt" und „remember" auch als nichtfunktionale Eigenschaften der Schnittstellen zwischen den Ebenen als Teil einer sinnvoll ausgeführten Reduktion entlang der oben thematisierten vierten Reduktionsdimension und damit als Teil der Systembeschreibung selbst gefasst werden können (zu der ja die Spezifikation der Schnittstellen des Gesamtsystems sowie der Schnittstellen der Systemkomponenten gehört).

Die weiteren Fragen in den drei Aufsätzen, in welchem Umfang Resilienz durch konkrete menschliche Akteure praktisch steuernd beeinflusst werden kann, lässt sich erst auf der Basis eines ausreichend entfalteten Technikbegriffs sinnvoll diskutieren. In [22] werden drei zusätzliche „features" Vorausschau, Kommunikation und Technologie aufgeführt, mit denen „human systems" (was das auch immer ist, ich bevorzuge den Begriff „kooperative Subjekte", denn nur solche sind handlungsfähig) ihren Einfluss auf die Frage der Resilienz von Systemen erhöhen können, insbesondere auf „Charakter und Lage der Variabilität innerhalb der Panarchie", um damit „das Potenzial der Panarchie selbst drastisch zu erhöhen" (S. 401). Damit wandert der Resilienz-Begriff (falls es sich noch immer um diesen

handelt) von der Ebene der Systeme zum „Metasystem Panarchie".
Die drei neuen „features" liegen allerdings irgendwie quer zu den
drei Dimensionen „gesellschaftliches Verfahrenswissen", „institutionalisierte Verfahrensweisen" und „privates Verfahrenskönnen" des
Technikbegriffs der Vorlesung. Auf jeden Fall sind sie Teil eines weiteren einer Beschreibung zugänglichen Systems – des Systems der
Reproduktion des Wissens der Menschheit. Diese Fragen werden in
drei weiteren Aufsätzen [44], [20], [11] aufgegriffen.

8 Organisation in komplexen adaptiven Systemen (IIRM)

Literatur: [2], [5]; Zusatzliteratur: [21], [23]

In der VDI-Richtlinie 3780 wird der Technikbegriff unter folgenden drei Dimensionen gefasst:

- die Menge der nutzenorientierten, künstlichen, gegenständlichen Gebilde (Artefakte oder Sachsysteme),
- die Menge menschlicher Handlungen und Einrichtungen, in denen Sachsysteme entstehen und
- die Menge menschlicher Handlungen, in denen Sachsysteme verwendet werden.

Im Begriff *technisches System* (ist dies identisch mit dem hier verwendeten Begriff des „Sachsystems"?) kommt eine weitere Dimension des Systembegriffs zum Tragen – seine praktische Bedeutsamkeit für strukturiertes Handeln in der bürgerlichen Gesellschaft. Mit dem Ansatz *agentenbasierte Systeme* wird diese Dimension in [21] angerissen, auch wenn dort unter dem Begriff *classifier system* eine extrem signaltheoretisch geprägte Theorie entwickelt wird, in der derartigen „Agenten" nur eine sehr eingeschränkte Fähigkeit zur Handlungsstrukturierung zugebilligt wird.

Der in der Vorlesung entwickelte Begriff der *Fiktion* als „gesellschaftlich gestützter, garantierter und aufrecht erhaltener Konsens einer verkürzenden Sprechweise über eine gesellschaftliche Normalität" rückt die Herstellung und Aufrechterhaltung dieser *Normalität* und damit die gesellschaftlichen Bedingungen des *Funktionierens* technischer Systeme in den Fokus. Technische Systeme sind damit nicht nur zu *beschreiben*, sondern auch zu *betreiben*.

Der Betrieb eines solchen Systems spielt sich nicht (nur) auf der Beschreibungsebene ab, sondern greift unmittelbar in Prozesse der realen Wirklichkeit ein. Er ist damit eingespannt in das allgemeine praktische Verhältnis zwischen den aus den Beschreibungsformen abgeleiteten *begründeten Erwartungen* und den in der praktischen Umsetzung *erfahrenen Ergebnissen.*

Der Ansatz agentenbasierter Systeme geht davon aus, dass die *Strukturierung praktischen Handelns* der bisher indentifizierten Beschreibungstechnik einer reduktionistisch konstituierten Strukturierung in Systeme folgt. Ein solcher Ansatz geht damit davon aus, dass Systeme die *Form* sind, in welcher institutionalisierte Verfahrensweisen als wichtiges Element einer sozio-technisch strukturierten Wirklichkeit in Erscheinung treten. Technische Systeme haben damit *Zwecke* und *Betreiber*, die als kooperative Subjekte innerhalb bürgerlicher Verhältnisse verantwortungsbeladen die oben thematisierte *Normalität* herstellen und damit für die Geschlossenheit „adaptiver Zyklen" einschließlich gelegentlich auftretender „Umbauphasen" im jeweiligen System verantwortlich sind.

Über die API eines solchen Systems lassen sich also nicht nur mögliche Differenzen und Probleme der *Modellierung* des Betriebs eines solchen Systems gegen einen Attraktor und damit die *theoretische* Reaktion auf *imaginierte* Störungen kommunizieren, sondern ebensolche Erfahrungen aus der direkten Konfrontation der Systembeschreibung als begründete Erwartungen mit den real erfahrenen Ergebnissen. Damit rückt der Systembegriff aber näher an menschliche kooperative Praxen.

Damit werden zugleich die impliziten Voraussetzungen von [2] deutlich, der Systeme voraussetzt, die zu bewusst ausgewählten Reaktionen fähig sind und darüber entsprechende Kanalkapazitätsberechnungen anstellt, die hier nicht weiter von Interesse sind, da sie von sehr groben Annahmen über die innere Struktur jener Beschreibungsformen ausgehen, in der die Reaktionsfähigkeit systemintern (unter Einbeziehung eines Systemgedächtnisses, das bei Ashby überhaupt keine Rolle spielt, in der Theorie agentenbasierter Systeme aber schon) prozessiert wird.

In [5] werden weitere Ansätze entwickelt, wie die Fähigkeit eines solchen Systems in Bezug auf die Bewältigung externer Störungen durch interne Systemreaktionen beschrieben werden kann. Als grundlegender Ansatz werden zwei weitgehend unstrukturierte Phasenräume externer Störungen (variety of stimuli) sowie interner Reaktionen (variety of responses) betrachtet und mit den Begriffen „Ashby line" und „adaptive frontier" zwei grundlegende Mechanismen postuliert, die zur Überforderung des Regulationspotenzials eines Systems führen – die Masse der Störungen übersteigt die Masse der Reaktionen des Systems (Abbildung 16.1) und die Frequenz der Störungen übersteigt die Frequenz der Reaktionsfähigkeit des Systems (Abbildung 16.2).

Diese stark spekulativen Ansätze werden in [33] weiter vertieft und in den Kontext moderner TRIZ-Entwicklungen gestellt.

9 Institutionelle Analyse von sozio-ökologischen Systemen (IIRM)

Literatur: [37], [1]

Während in den ersten Seminarterminen vor allem Systemdynamiken ohne menschliches Zutun betrachtet wurden (wobei dieses menschliche Zutun auch als Ergebnis einer „Reduktion auf das Wesentliche" ausgeblendet worden sein kann), rückten im letzten Seminar mit dem Ansatz *agentenbasierter Systeme* erstmals Systeme in den Fokus, deren innere Dynamik eng mit menschlichem Handeln verbunden ist. Wir haben dabei festgestellt, dass derartige Systeme zusätzlich mindestens noch mit einer Zweck-Mittel-Perspektive aufgeladen sind.

9.1 Noch einmal zum Systembegriff

Derartige Systeme spielen im TRIZ-Kontext als *Technische Systeme* (klassische TRIZ-Terminologie), *Engineering Systems* oder *man-made systems* [42] eine zentrale Rolle, wobei Menschen hier sowohl als Subjekte des Handelns als auch als Objekte der Systemdynamik in Erscheinung treten. Diese drei begrifflichen Ansätze nehmen dabei ihrerseits Reduktionen der Rolle menschlichen Handelns auf unterschiedliche Weise vor.

Der Ansatz „Technische Systeme" – zusammen mit dem grundlegenden TRIZ-Prinzip der Idealität, dass eine gewünschte Funktion im Idealfall „von selbst", gänzlich ohne System zur Verfügung steht – betont den äußeren Standpunkt des Menschen im Design des entsprechenden Systems, während es für Menschen als Objekte der („Von-Selbst")-Wirkung keinerlei Entrinnen aus der Systemdynamik gibt, wie schwierig diese sich für sie auch darstellen mag.

Die Modifikation zum „Engineering System", wie sie mit dem Ansatz von „Trends of Engineering System Evolution" (TESE) in [32] vorgenommen wird, rückt den Systembegriff näher an den Technikbegriff der VDI-Richtlinien heran. Damit wird eine deutlichere Verbindung des Systembegriffs mit menschlichen Praxen thematisiert, in denen ein Netzwerk von Zweck-Mittel-Verhältnissen einem Netzwerk von Systembeziehungen gegenübersteht, was genauer beschreibungstechnisch zu fassen bleibt. Die VDI-Definition rückt dabei die Zweck-Mittel-Beziehungen in den Vordergrund und bleibt mit dem Ansatz „Menge von Systemen" (oder sogar „Gebilden") vage in der Frage der Beziehungen der Systeme zueinander, während der TESE-Ansatz die traditionell starke Strukturierung des Systembegriffs der klassischen TRIZ in „Gesetzen und Trends der Entwicklung technischer Systeme", insbesondere in der Betrachtung des Verhältnisses von System und Obersystem(en), übernimmt, in der Betrachtung systemübergreifender ingenieurtechnischer Praxen aber noch Entfaltungsmöglichkeiten hat.

Der Ansatz „man-made systems" schießt begrifflich über das Ziel hinaus, da er – wenigstens in der unmittelbaren Bedeutung der Worte – die naturgesetzliche Kontextualisierung der Bedingtheiten menschlichen Handelns bei einer „Reduktion auf das Wesentliche" ausblendet. In dieser Beschränkung steht ein solcher Ansatz aber in eigentümlicher Nähe sowohl zu den Bemühungen um die Formierung eines Konzepts von *Resilienz* als auch zu den Konzepten, die in [2] und [5] für eine Systembewertung auf der Basis rein quantitativer Verhältnisse von Störungsdruck und Reaktionsvermögen diskutiert wurden. Auf diesem Hintergrund sind auch die beiden Aufsätze [37] und [1] zu bewerten. In beiden Aufsätzen geht es darum, recht einfach gehaltenen Ansätze agenten-basierter Systeme, wie etwa in [21] zu finden, mit der realen Komplexität institutionalisierter menschlicher Handlungsvollzüge zu konfrontieren. In [37] wird dazu ein komplexes *System von Parametern* zur Bewertung sozial-ökologischer Systeme vorgeschlagen.

In [1] wird ein *grobes Modell* entwickelt, auf das sich das Verhältnis von Ressourcen und Ressourcennutzern im Kontext einer Infrastruktur und deren Bewirtschaftung in solchen kulturell-institutionell überformten *konkreten* sozial-ökologischen Systemen abbilden und damit vergleichbar machen lässt.

Streitpunkt unserer Diskussion blieb insbesondere die Frage, ob sich in einem solchen Ansatz der Übergang von Institutionalisierungsprozessen zu institutionalisierten Strukturen ausreichend leistungsfähig darstellen lässt oder hierfür nicht bereits schon zum Obersystem einer umfassenderen Betrachtung kultureller Entwicklungen übergegangen werden muss.

In der Diskussion spielte auch der Begriff *Ideologie* eine Rolle, was hier in den Kontext der bisherigen Debatte gestellt und näher erläutert werden soll.

Wir hatten den Systembegriff als eine beschreibungstechnische „Reduktion auf das Wesentliche" in vier (genauer beschriebenen) epistemischen Dimensionen identifiziert, der in Strukturen, die zu ausgeprägtem Zweck-Mittel-Denken fähig sind und damit einen Prozess des Abgleichs zwischen Planungs- und Handlungsstrukturen kennen, auch für *praktisches Handeln* leitend ist und damit zu einer entsprechenden Strukturierung auch der Wirklichkeit führt. Im Gegensatz zu den verschiedenen systemischen Beschreibungsstrukturen, die weitgehend unabhängig voneinander sind – die Beschreibung der Beziehungen *zwischen* diesen Systemen, insbesondere zwischen einem System und seinen Komponenten, ist auf die Beschreibung von Input/Output-Verhalten reduziert – gibt es in den realweltlichen Strukturierungen massiv „versteckte" (also der Reduktion zum Opfer gefallene) Abhängigkeiten auch über Systemgrenzen hinweg. Diese Abhängigkeiten sind umso gravierender, je ungenauer und inadäquater die Systemmodellierung ist.

Dies ist bei der Bewertung sozial-ökologischer und sozial-technischer Systeme zu beachten, deren Mittel- und Ausgangspunkt oft Zweck-Mittel-Verhältnisse sind, also (meist aus einem Obersystem inferierte) Vorstellungen und Beschreibungsformen, was erreicht werden *soll*. Eines der Hauptprobleme der ökologischen Krise besteht darin, dass in den letzten 200 Jahren im Zuge der industriellen Revolution ein System von sozio-technischen Systemen (vor allem als *Institutionen*) entstanden ist, das weitgehend dem Paradigma der „Ausbeutung der Natur" folgt, in dem also die Zweck-Mittel-Verhältnisse als Beschreibungsformen eine hohe Dominanz in der Systemmodellierung haben. Das gilt insbesondere auch für die Beschreibung der Input/Output-Beziehungen derartiger Systeme, die einmal zur Steuerung der inneren Stabilität und zum anderen zur Stabilisierung des äußeren Kontexts, des eigenen „Handlungsraums" dienen.

Hierbei hat sich ein ganzes Netz von Systemen und Beziehungen zwischen Systemen aufgebaut, das stärker auf die Konservierung bestehender Zweck-Mittel-Vorstellungen ausgerichtet ist als auf eine angemessene Integration realweltlicher Entwicklungen, und auch in der eigenen Handlungsdimension diesen Konservatismus perpetuiert. Dies gilt nicht nur für das politische System der DDR in ihrer Endphase, sondern auch für das Bienensterben, das in [23] genauer analysiert wird. Obwohl hier massive Gefahren für umfassendere Ökosystemstrukturen, die auf Bestäubung durch Insekten aufbauen, auch beschreibungstechnisch klar auf dem Tisch liegen, entwickelt ein System selbstbezüglicher Systembeschreibungen um das Thema „Glyphosat" herum, das auch wesentlich für die Legitimierung politischer Entscheidungsprozesse ist, als *Netzwerk von Systemen* ein starkes Beharrungsvermögen, da genau *jene* Informationen über die netzwerkinternen Input-/Output-Spezifikationen *nicht* angemessen kommuniziert werden können und damit für die konkrete Dynamik des Netwzerks von Systemen ohne Folgen bleibt.

Das „Netzwerk von Systemen" als eigenes System hat auch unzureichende Reflexionsstrukturen auf Systemebene und *kann* diese enmergente Entwicklung nicht systemintern darstellen. Derartige Phänomene sind bei der Betrachtung der *Robustheit* im Sinne von [1] zu berücksichtigen.

9.2 Zu Dynamiken sozio-ökologischer Systeme

Noch einige Anmerkungen zu den in [1] zusammengetragenen Beispielen von Entwicklungspfaden des *groben konzeptionellen Modells* sozio-ökologischer Systeme mit seinen vier Komponenten

- Ressourcen
- Ressourcennutzer
- Öffentliche Infrastruktur und
- Infrastrukturbetreiber.

Am Beispiel *Straßenbau* wird zunächst argumentiert, dass ein wesentlicher Eingriff in die bestehende Struktur in der Regel zu wesentlichen Veränderungen auch bestehender sozio-kultureller Gleichgewichte führt (Vereinfachen von Wegzügen, regionaler wirtschaftlicher Abschwung, Umwandlung einer Region in einen Satelliten in unfassenderen regionalen Ausdifferenzierungsprozessen).

Am Beispiel der *Bewässerungssysteme in Bali* wird weiter gezeigt, in welchem Umfang austarierte und historisch gewachsene informelle vorkapitalistische Systeme der Infrastrukturbewirtschaftung durch eine Kapitalisierung – und sei es in einer „grünen Revolution" – sowie Bürokratisierung unter Druck geraten, ohne dass „wissenschaftlich fundierte" Regulierungsformen auf der Basis formalisierter Modelle auch nur annähernd so erfolgreich in den Vollzugsformen sind wie die alten soziokulturellen Ansätze.

Insgesamt hat der Wechsel in den ökonomischen Formen großen Einfluss auf die Leistungsfähigkeit von sozio-ökologischen Systemen; diese Systemstrukturen müssen mit transformiert werden. Damit bestätigt sich auch hier die *Marxsche These vom Primat der Ökonomie*.

Der Übergang von direkter informeller Regelung in vorkapitalistischen Zeiten zu indirekten Regulierungen über Geldformen führt schnell zur Intransparenz von Wirkzusammenhängen und hebelt komplexe Interdependenzlogiken aus. Damit wird es zunehmend einfach, auch *Betreiberrenten* zu etablieren. Praktisch wird versucht, dem durch staatliche Infrastrukturüberwachung („Netzagenturen") zu begegnen. Marx sieht das als Ausdruck des Widerspruchs zwischen den Interessen des Gesamtkapitals und der Einzelkapitale.

Probleme nach dem Übergang zu kapitalistischen Bewirtschaftungsformen von Infrastrukturen entstehen vor allem dann, wenn sich das Kosten-Nutzen-Verhältnis durch Private defizitär entwickelt. Dieses Phänomen ist inzwischen auch gut bekannt aus ÖPP-Projekten und führt zur *Frage, ob Staaten pleite gehen können*. Nach kapitalistischer Logik ist in einem solchen Fall die ökonomische Aktivität abzuwickeln, was die privaten Gewährsträger dann auch tun, ggf. durch *Insolvenz*. Die Aktivität kann aber nicht abgewickelt werden, da die öffentliche Infrastruktur benötigt wird. In der Regel wird dann nach der „öffentlichen Hand" gerufen – die Zeche bezahlt der Steuerzahler – oder die Leistungen fallen an einen „Grundversorger" mit deutlich anderen Preisstrukturen zurück. Typisches Begleitphänomen ist der

Verfall der Infrastruktur durch Deinvestment, bevor es zum Krach kommt.

Widersprüche treten auch auf zwischen der (technischen) Betriebslogik und der (betriebswirtschaftlichen) Betreiberlogik, da hierbei unterschiedliche Zeit-, Raum- und Kausalhorizonte eine Rolle spielen. Insbesondere kann das wissenschaftlich-technische *Beschreibungsmodell* als Basis der Handlungsvollzüge mehr den ökonomischen Wunschvorstellungen folgen als den realweltlichen kausalen Zusammenhängen und damit zum Zusammenbruch der realweltlichen Reproduktionsstrukturen führen (Ω-Phase des adaptiven Zyklus). Da die Wirkung jenseits einer Triggerschranke sehr schnell an Fahrt gewinnt, spielt vorher oft der Aufbau einer ideologischen *Scheinwelt* eine Rolle, die trotz entsprechender realweltlicher Signale eigene interne Stabilisierungsmechanismen in der Unterscheidung von Wesentlichem und Unwesentlichem entwickelt.

Am Beispiel des Aral-Sees wird weiter thematisiert, dass Nutzen einer spezifischen Infrastrukturentwicklung für die eine Gruppe deutlich negative Auswirkungen für andere Gruppen haben kann. Dies ist eine andere Widerspruchsebene zwischen verschiedenen Interessenlagen und Zielen, die – wiederum durch entsprechende Hebelwirkungen – zu wesentlichen Deformationen (bzw. – positiv gesprochen – Transformationen) bestehender großflächiger ökonomischer Strukturen führen kann. In diesem Sinne ist *jede* spezifische Bewirtschaftungsform einer öffentlichen Infrastruktur zugleich eine spezifische Form des Prozessierens widersprüchlicher Interessenlagen und Ziele.

In [1] werden nach [36] acht wesentliche Strukturmerkmale für die langfristig stabile Bewirtschaftung von Infrastrukturressourcen postuliert:

1. Klar definierte Grenzen sowohl räumlich als auch bzgl. der Zu-gangsbedingungen.
2. Proportionale Äquivalenz zwischen Nutzen und Kosten. Für je-den Einzelnen müssen Nutzen und Kosten in angemessenem Verhältnis stehen.
3. Beteiligung aller Infrastrukturnutzer an der Weiterentwicklung der Nutzungsregeln.
4. Die Nutzung und Entwicklung der Ressource muss gemeinschaft-lich überwacht werden.
5. Graduelle Sanktionen. Verstöße gegen die Regeln müssen mit wachsender Schärfe sanktioniert werden.
6. Es muss Konfliktbewältigungs-Mechanisme geben („local" und „low cost").
7. Das Recht der Nutzer auf Bildung eigener Organisationsformen muss gewahrt sein.
8. Mehrebenenprinzip der Organisation von Aneignung, Bereitstel-lung, Überwachung sowie Durchsetzung, Konfliktlösung, Gover-nance.

In der Konsequenz wird argumentiert, dass sich nicht nur sozio-ökologische Systeme in adaptiven Zyklen (mit Umbauphasen) bewe-gen müssen, sondern auch die Infrastrukturbewirtschaftungsformen. Gerade der *Umbau* letzterer kann ein wichtiges Moment der *Robust-heit* ersterer sein. Also auch hier: Evolution des Systems schließt die Option des revolutionären Umbau seiner Komponenten ein.

10 Sozio-technische Systeme und Transformationsprozesse (IIRM)

Literatur: [15], [13]; Zusatzliteratur: [39]

Das Seminar beschäftigte sich mit Transformationsprozessen von und in sozio-technischen Systemen. Dabei wurde mit der Multilevel Perspektive von [15] begonnen und ihrer Typologie von Transformationsprozessen. Zuerst wurde sich das Modell angeschaut und die Verwobenheit der einzelnen Ebenen diskutiert, welche in Nischeninnovation, sozio-technisches Regime und sozio-technische Landschaft unterteilt sind. Entscheidend für die Bestimmung der Falltypologie sind die Einflussverhältnisse von Ebene zu Ebene. Dementsprechend ergeben sich die vier Transformationsarten

1. Transformation,
2. De-Alignment und Re-Alignment,
3. Technische Substitution und
4. Rekonfiguration

nicht als einzige Möglichkeit, sondern ihnen müssen die Sonderfälle

0. „Normaler" Produktionsprozess und
5. Disruptiver Wandel

an die Seite gestellt werden.

Im nächsten Schritt ging es um die kritische Verbesserung in [13], welche adaptives Management und Transitionsmanagement verknüpft. Dort ergibt sich aus dieser Kombination ein Kreislauf adaptiver Managementansätze, welche über *established context, goals strategies, evaluation indicators* und endgültig zu *collect data monitor* läuft und Akteursansätze aus der Transitionsarena des Transitionsmanagements einbezieht. Es ergeben sich so ganz spezifische

Verhältnisse, welche in Fragen der adaptiven Kapazität, der Risikobewertung, der Stakeholdereinbeziehung, der räumlichen Skalierung, der Führung und der Anregung systematischen Wandels unterschiedliche Bewertungen und entsprechend unterschiedliche Methoden provozieren.

Die Diskussion drehte sich um die Belastbarkeit und Verwertung der kombinierten Frameworks und sechs Probleme wurden eingekreist.

1. In [15] ist nicht klar, wie die y-Achse funktioniert, insbesondere, da sie als *increasing structure* ausgewiesen ist und somit das innere Verhältnis im Regime nicht klar ist, besonders das Verhältnis von culture, policy and science.

2. Folglich ist nicht klar, was *Struktur* überhaupt sein soll, da zum einen eine Handlungs-Managementperspektive bemüht wird, und zum anderen dennoch klassische Strukturzuweisungen erfolgen, die nicht wirklich erklärt werden.

3. Das Verhältnis von Nischeninnovation und Regime ist nicht klar. Gibt es auch eine gesteuerte Regime-Nischeninnovation?

4. Darauf beziehend ist nicht deutlich, was eine Nischeninnovation überhaupt ist; ein Prototyp, eine Verfahrensweise, eine Idee?

5. Im 4. Fall ist nicht klar, warum die y-Achse fehlt und von Symbiose geredet wird.

6. Die begriffliche Verwendung von Transition und Transformation in ihrer Synonymisierung ist nicht klar. In anderen Wissenschaftsdisziplinen steht *Transition* für eine Veränderung mit Erhaltung von Systemkomponenten und *Transformation* für eine echte vollständige Änderung aller Formen des Systems und somit aller Komponenten. Die Verwendung ist hier in keiner Weise klar.

Positiv konnte dennoch die Zielrichtung gewertet werden, welche Handlungen und diesen entsprechende politische Verfahrensweisen und Abläufe in den Fokus nimmt. Generell ließen sich erneut auch hier die klassischen Probleme der Systemtheorie finden.

- Erstens das **Ebenenproblem**; es ist entscheidend, auf welcher Ebene die Modellierung beginnt und was in den Fokus genommen wird, denn Fragen von Außen und Innen, von Input und Output und der Leistungsfähigkeit des Systems sind davon abhängig.
- Zweitens ist das **Durchsatzproblem** erneut entscheidend. Für die Performanz als auch für die Übertragung ist entscheidend, was das System, auch als Multilevel Modell, antreibt.
- Drittens steht das **Strukturproblem**. Immer wieder werden Strukturvorstellungen untergeschoben, welche sich nicht aus der induktiven Modellierung ergeben, wie Wirtschaft, Politik, Kultur oder ähnliche schwammige Begriffskonzepte.

10.1 Transitionspfade

In [15] werden eine Reihe von Transitionspfaden beschrieben, die in Umbauphasen von Systemen beschritten werden. Damit wird versucht – ohne dies allerdings zu explizieren – etwas Struktur in die in [22] weitgehend unverstandene Ω-α-Umbauphase zu bringen. Auch [15] bleibt dabei weitgehend auf einer phänomenologischen Ebene stehen und entwickelt wenig Konzeptionelles, gesellschaftliche, ökonomische und technische Entwicklungen zusammen zu denken. Der Aufsatz geht auch nicht so weit wie die TRIZ Evolutionsforschung, hier Gesetze oder wenigstens Muster *explizit* zu formulieren.

Im bisher im Seminar entwickelten Verständnis ist die Notwendigkeit zum Systemumbau dadurch gegeben, dass die *lokalen* Entwicklungsmöglichkeiten auf dem Systemattraktor ausgeschöpft sind, weil sich das System durch ständig fortschreitende „Idealisierung" in ein lokales Extremum des Attraktors manövriert hat (Hollings K-

Phase), in dem sich externe Störungen aufschaukeln und das System in einen instabilen Zustand treiben (Hollings Ω-Phase), aus dem durch Umorganisation (Hollings α-Phase) ein neuer, vom ursprünglichen weit entfernter Referenzpunkt auf dem Systemattraktor eingenommen wird.

Ein solcher Systemumbau übt einen größeren Stress auf die mit dem System verbundenen weiteren Systeme (Komponenten im System, Nachbarkomponenten im Obersystem, allgemeine „unsystematische" Beziehungen zu anderen Systemen) aus. In diesem Sinne migrieren systemische Umbauprozesse längs der Systembeziehungen mehr oder weniger weit durch das Netzwerk der Systeme.

Umgekehrt resultiert der Störungsstress aus anderen, mit dem System kausal verbundenen Systemen, wobei in den klassischen Ansätzen die Bindungen System – Obersystem (bzw. System – „Umwelt") sowie System - Komponente in der Regel separat von allgemeinen Bindungen (etwa zwischen den Komponenten innerhalb eines Systems bzw. – dasselbe Bild auf einer anderen Betrachtungsebene – zwischen Teilsystemen eines Obersystems) betrachtet werden. Wir hatten bereits festgestellt, dass eine solche „Spezialbetrachtung" einer Mikro- und Makroevolution nur bei Beziehungen zwischen Systemen sinnvoll ist, die sich auf deutlich verschiedenen Eigenzeitskalen bewegen: Für das „schnellere" System kann das langsamere in erster Näherung als statisch betrachtet werden, für das „langsamere" das schnellere als weitgehend störungsfrei und damit deterministisch oder wenigstens stochastisch, da sich die Störungen des schnellen Systems auf der Zeitskala des langsameren weitgehend ausmitteln.

Betrachten wir aus einer solchen Perspektive die Argumente aus [15] und [22], so fällt zunächst der stark agentenbasierte Ansatz der ersteren Arbeit auf. Agenten gibt es auch bei Holling, siehe etwa [22,

Tab. 2], doch setzt [15] mit „agency", „regime", „organisation" und „institution" den Fokus deutlich anders. Mit allen vier Begriffen, die weitgehend synonym verwendet werden, wird auf die Ablauforganisation und nicht die Aufbauorganisation von Systemen verwiesen, ohne allerdings die betrachteten Systeme in jedem Fall genau zu umreißen. Eher ergeben sich das System und seine Grenzen in den von uns identifizierten drei (oder vier) Reduktionsdimensionen von Beschreibungskomplexität „von selbst" aus der Bewegung heraus.

In einem solchen „panta rhei" Ansatz werden [15, S. 401] Störungsquelle und Ort des Umbaus differenziert, was mit den oben noch einmal entwickelten eigenen Modellansätzen gut harmoniert. Die auf dieser Basis zunächst entwickelte Typologie [15, Fig. 2] entspringt allerdings einer Empirie, die sich nur schwer auf unseren Modellansatz abbilden lässt, was dann auch später [15, S. 402] eingeräumt wird: „empirical levels are not the same as analytical levels in MLP" (multi level perspective).

Die weiter ins Feld geführten „organisational levels" – *individual, organizational subsystem, organisation, organisational population, organisational field, society, world system* – konzentrieren sich, wenn dies mit dem Systembegriff relatiert wird, vor allem auf die institutionalisierten Strukturen der *Aufbauorganisation* der jeweiligen Systeme (etwa das „System Gesellschaft") samt ihrer Luhmannschen „Codes", in denen jene Systeme überhaupt sprachlich *in der Lage sind*, über Störungen zu kommunizieren und wenigstens grob zu entscheiden, ob man es mit einem „incremental, radical, system or techno-economic" Typ von Störung aka „Innovation" zu tun hat und darauf typangemessen zu reagieren.

Wenn eine „conjuncture of multiple development" [15, 3.2.] bedeutsam ist, so wird die These von der Quelle der Störung in einem Einzelsystem schon fragil, wenn sich jene Störung im Netzwerk der

Systeme wellenförmig fortpflanzt und so kaum noch zu unterscheiden ist, ob jene „Welle" von einer punktförmigen Quelle ausgelöst wurde oder ein emergentes Phänomen des Netzwerks ist (das ja selbst auch wieder als System betrachtet werden kann) als resonante Antwort auf eine externe Störung. Dass gerade in Zeiten tiefgreifender technologischer Umbrüche derartige emergenten Phänomene in komplexen hierarchisch aufgebauten organisationalen Netzwerken nicht außer Betracht bleiben können, ist ebenso klar wie theoretisch schwierig zu fassen.

Erschwerend kommt hinzu, dass in derartigen Transitionen drei Sphären wesentlich interagieren:

1. Die Sphäre der Beschreibungsformen (das gesellschaftlich verfügbare Verfahrenswissen),
2. Die Sphäre der real existierenden, in Systemen strukturierten Wirklichkeit (die institutionalisierten Verfahrensweisen) und
3. Die kooperativen Subjekte (mit ihrem „privaten" Verfahrenskönnen).

Zwischen den Sphären 1 und 2 bestehen *kausale* ($m : n$)-Beziehungen, durch Sphäre 3 werden diese Beziehungen *praktisch* vermittelt. Die drei „kinds of rules" ([15, 3.3.] – der Begriff „Institution" wird hier bewusst abgewählt [15, S. 403, Fußnote 1]), über welche eine solche Vermittlung in einem „model of agency" läuft, werden als Basis einer gemeinsamen „interpretation of the world" konkreter kooperativer Subjekte identifiziert, die sich im *Handeln* jener Strukturen („use rules", „rules are not only constraining but also enabling") bewähren müssen und befestigt werden. Dies sind die Formen, in denen die *Pragmatik* zwischen den Sphären 1 und 2 vermittelt und damit *realweltliche Begriffsbildungsprozesse* induziert werden bis hin zur „conceptualisation of sociotechnical landscape that ... forms an external context that actors cannot influence in the short run".

Damit werden die Argumentationen in [15, Fig. 4 und Table 1] in ihrem absoluten Anspruch eines „environmental change" fragwürdig, da Einträge wie „low" und „high" (Table 1) nur gegen klare Etalongrößen Sinn ergeben, hier also implizit Eigenzeiten und Eigenräume eines Obersystems als Referenz dienen (bzw., wenn man sich wie ebenda allein an der Ablauforganisation interagierender Systeme orientiert, ein solches Referenzsystem erst noch identifiziert werden muss). Dass jenes „environmental system" seit wenigstens 10 000 Jahren als kulturell überformt betrachtet werden muss, sei nur in Parenthese angemerkt. Eine solche Einhegung wird dann mit den Begriffen *Frame* und *Closure* [15, S. 405] auch versucht, jedoch auf einem recht simplen Niveau unmittelbar transformierender Wirkung differierender Wachstumsraten. In anderen Beispielen wird jedoch gezeigt, dass Ungleichheiten in der Ressourcenverfügung von Akteuren auch oft eingesetzt werden, um anstehende Transitionen *zu verhindern*. Der emergente Effekt ist dann mglw. eine sinkende Performanz des Gesamtsystems. Selbst der beschriebene Wettbewerb auf der Basis differierender Wachstumsraten kann auf der Emergenzebene des Gesamtsystems gegenteilig wirken, wie etwa Marx mit seinem Gesetz der fallenden Profitrate argumentiert (egal, ob dieses Gesetz nun wirklich wirkt oder in einem dissipativen Systemkontext die Argumente anders zu bedenken sind).

Damit lassen sich die sechs Transitionsmuster P0 bis P5 wie folgt auf Hollings Modell adaptiver Zyklen abbilden:

P0: Das System ist in der r-Phase und kann den Veränderungsdruck aus einer seiner Komponenten („no external landscape pressure") absorbieren. Dasselbe bleibt richtig, wenn der Druck „von außen" (also von anderen Systemen) kommt und nicht zu groß wird.

P1: Druck von „außen", kein Druck aus den Komponenten, System beim Verlassen oder jenseits der K-Phase. Das System kann nur durch Reorganisation der Beziehungen reagieren. Die Autoren sind weitgehend ratlos, vermischen allerdings auch zwei Modi:

1. Das System ist in der α-Phase eigener Umbauprozesse.
2. Das System ist im Übergang in die Ω-Phase.

Das Beispiel (Dänische Hygiene-Transition) ist klar eines für die Dynamik in der Ω-Phase, dem auf der TRIZ-Seite ein Übergang von einer S-Kurve auf eine andere entspricht. Wie das geht, versteht man dort allerdings auch nicht. Das Beispiel folgt dem **Modell** Ω_1: Das System wird reorganisiert, die Funktion nach außen bleibt erhalten bzw. wird verbessert.

P2: Das System wird zerlegt, seine Komponenten anders reorganisiert. Als typisches Phänomen wird „Vakuum" diagnostiziert, wie es auch als Machtvakuum beim Zerfall des Ostblocks zu beobachten war. Das im Text angegebene Beispiel berücksichtigt nicht, dass sich die neuen Bedingungen (Automobil ersetzt Transport durch Pferde) bereits länger auch strukturell in den Subsystemen – „im Schoße der alten Gesellschaft" – herausgebildet haben. Im weiteren Beispiel bleibt die *K-Wellen-Dynamik* um 1890 unberücksichtigt.

P3: Der Druck kommt nicht aus der Umgebung, sondern von einzelnen Komponenten. Das System kann sich selbst so reorganisieren, dass die für die reorganisierten Komponenten erforderlichen neuen äußeren Bedingungen sichergestellt werden, ohne die Funktionalität des Systems nach außen aufzugeben. Das Erklärungspotenzial ist dünn, „avalange change" und „disruptive change" als „landscape pressure" existieren erstens dauernd als „disturbances" und sind zweitens hier nicht kausal, wenn auch möglicherweise triggernd. Im Beispiel bleibt die Wirkung der K-Welle um 1890 ebenfalls unberücksichtigt. Ebenso werden für solche Transitionen typische „Marktbereinigungen" nicht besprochen, da das produktive Ausrollen der neuen Technologien in größerem Umfang auch größere Mengen vorgeschossenes Kapital erfordert.

P4: Komponenten in Ω-Phase treffen auf ein System in α-Phase. Eigentlich wird die Transition aber aus einer kausal tiefer liegenden Technologieebene getriggert, die Auswirkungen auf *viele* Komponenten hat und diese in Ω-Phase bringt, was jedoch vom System in α-Phase (und damit in besonders flexibler r-Phase) aufgefangen werden kann. So auch das Beispiel.

P5: Im Gegensatz zu P4 lassen sich die Änderungen *nicht* im System auffangen und werden weitergeleitet. Damit werden auch die Beziehungen des Systems nach außen instabil. Die Autoren sind ziemlich ratlos („sequence of transition pathways") und haben auch kein Beispiel zur Hand.

Generell wird angemerkt, dass derart komplexe Prozesse nicht nur nicht monokausal erklärt werden können, sondern auch die Variablen in mathematischen Beschreibungsmodellen nicht in abhängige und unabhängige unterteilt werden können. Deshalb könne man nur von *Entwicklungsmustern* sprechen. Die weiter referenzierten Prozess-Theorien blenden mit einer Fokussierung auf Ereignisketten in zeitlicher und kausaler Verkettung allerdings *strukturelle Momente* weitgehend aus, die sich mit fortgeschrittenen mathematischen Methoden durchaus auch in komplexer strukturierten Phasenräumen noch gewinnen lassen.

Giddens' Ansatz der „rules as structures, which are recursively reproduced (used, changed) by actors" weist in eine Richtung, in der solche strukturellen Erkenntnisse mit Beschreibungen von Handlungsvollzugsformen konkreter kooperativer Subjekte auf verschiedenen Abstraktionsebenen zu kombinieren wären.

10.2 Adaptives und transitionales Management [13]

Die im ersten Teil der Anmerkungen diskutierten Transitionspfade haben ein wesentliches epistemisches Problem – das Problem des äußeren Standpunkts, von dem aus Bechreibungsformen entwickelt werden, um Einfluss auf realweltliche Wandlungsprozesse zu gewinnen.

[13] schlägt hier einen komplett anderen Zugang vor, indem diese Beschreibungs- und Analyseformen von den beteiligten Akteuren (mit methodischer Unterstützung) selbst entwickelt werden. Der Zugang folgt dennoch klassischen TRIZ-Methodiken der Modellierung, indem zunächst ein Obersystem als Kontext der Bestimmung der Zwecke des untersuchten Systems identifiziert wird, um dann das System selbst genauer zu modellieren. Jene Modellierung wird aber nicht als externer Prozess verstanden, sondern als Konsensfindung gemeinsamer Beschreibungsformen der Stakeholder selbst, ohne welche kooperatives Agieren nicht möglich ist (siehe das Konzertbeispiel). Dieser Modellierungsprozess wird damit zugleich zum *politischen* Prozess, da als Ergebnis nicht nur anerkannte Beschreibungsformen erwartet werden, sondern *institutionalisierte Verfahrensweisen*. Ersteres (anerkannte Beschreibungsformen) ist zweiterem allerdings vorgängig in dem Sinn, dass widersprüchliche Anforderungen zunächst artikuliert werden müssen, ehe diese Widersprüche gelöst werden können. Dies entspricht aber auch den zwei Phasen des TRIZ-Prozesses (im OTSM-Verständnis).

In einer solchen Modellierung sind zwei dialektische Prinzipien bereits eingebaut

1. die dynamische Weiterentwicklung des Modells selbst längs der Differenzen zwischen begründeten Erwartungen und erfahrenen Ergebnissen der Vollzugsform – unter Einbeziehung einer möglichst breiten Stakeholder-Landschaft (TRIZ-Trend der Vollständigkeit der Teile des Systems) und
2. die Weiterentwicklung der Zwecke im Obersystem, in dem das System selbst als Komponente („Stakeholder") erscheint und dort über seine spezifizierte Schnittstelle seinen Beitrag dazu in der Vollzugform einbringen kann.

Ersteres ist Schwerpunkt des Ansatzes *Adaptives Management*, zweiteres des Ansatzes *Transitionales Management*. In beiden Fällen ist die Weiterentwicklung der Beschreibungsform Teil der Vollzugsform.

Damit ist [13] in gewissem Sinne orthogonal zu [15], indem *das Innere* einer Transitionsphase in ein methodisches Gerüst gebracht wird. Es steht natürlich sofort die Frage, für welche der Transitionstypen in [15] dieses methodische Gerüst brauchbar ist oder ob auch hier wiederum ein Konzept als „Allzweckwaffe" vorgeschlagen wird.

Beide Ansätze unterscheiden sich weiter in der Strategie der Komplexitätsreduktion. Während adaptives Management eine Vielzahl *verschiedener* funktionaler Parameter in der konkreten Ausprägung im lokalen Kontext eines *Unikats* betrachtet, erfolgt die Reduktion auf der Ebene des *transitionalen Managements* auf der Basis eines *funktionalen Prinzips*, nach dem *gleichartige* funktionale Parameter gebündelt werden (etwa „Energieversorgung der Zukunft", „Wasserreinhaltung", „Biodiversität"), um dieses Prinzip genauer und besser zu verstehen. Während zweiteres also mehr der Devise „global denken" folgt, steht ersteres in der Perspektive „lokal handeln".

Ein solches Phänomen der verschiedenen Bündelung hatten wir bereits oben im Kausalverhältnis der Sphären 1 und 2 (der Beschreibungsformen und der systemisch strukturierten Wirklichkeit) ange-
troffen. Dieses Phänomen ist auch aus der Komponententechnologie
[45] gut bekannt – der *Zuschnitt* von Komponenten erfolgt unter
Bündelung *gleichartiger* Anforderungen aus *verschiedenen* Quellen,
der *Einsatz* von Komponenten erfolgt durch Bündelung *verschieden-
artiger* Funktionalitäten im *gleichen* Zielsystem. [45] zeigt, dass dies
bis hin zur Ausdifferenzierung von Berufsbildern verfolgt werden
kann – Komponentenentwickler erscheinen im „design for component" als Fachspezialisten, Komponentenmonteure im „design from
component" als Generalisten.

Auch dies hat sein Analogon in der TRIZ-Methodik, wo „global denken" den Schritt von der abstrakten Problemstellung zur abstrakten Lösung markiert, die man im besten Fall bereits als „technische
Komponente" (nach Deployment und Konfiguration) in konkrete
Lösungen einbauen kann, in den meisten Fällen aber noch eine klare Konkretisierung auf die komplexe und einzigartige *realweltliche*
Problemsituation erforderlich ist. Wir haben also auch auf dieser
Ebene dieselbe Unterscheidung wie die zwischen Komponentenbau-
ern („design to component") und Industrieanlagenbauern („design
from component") im Technikbereich.

Der Aufsatz bricht damit eine Lanze für die Koevolution von
Beschreibungsform und Vollzugsform in kooperativen Zusammenhängen. Beides ist nicht widerspruchsfrei, allerdings kann versucht
werden, artikulierte Widersprüche mit entsprechenden Transiti-
onsstrategien im Netz der Systeme bewusst an eine solche Stelle zu
verschieben, wo sie gelöst werden können.

11 Systembegriff in der TRIZ-Methodik (Gräbe)

Literatur: [30]

Es wurden noch einmal die verschiedenen Dimensionen gegenübergestellt, die bei der Fassung des Begriffs *technisches System* zu beachten sind.

1. Ein Black Box – White Box Ansatz: Von außen werden technische Systeme als Black Box betrachtet, die durch eine Spezifikaton (Beschreibungsdimension) und durch spezifikationskonformes Verhalten (Vollzugdimension) charakterisiert sind. Sie erfüllen dabei eine *primär nützliche Funktion* (PNF, „core concern") als *Zweck* der Existenz des Systems und sind damit im Sinne von [45] als *Einheit der Abstraktion* zu betrachten.

   Die White Box korrespondiert zur Implementierung, deren genaues Verständnis *Expertenwissen* auf dem Gebiet der PNF erfordert. Nebenfunktionen werden oft aus anderen Komponenten importiert. Siehe dazu das CORBA Komponentenmodell.

   Wir haben damit eine *Welt Technischer Systeme* vorliegen, die durch Relationen gegenseitiger Dienstbarkeit zusammengehalten wird.

2. Technische Systeme sind aus ihrer Beschreibungsdimension durch drei Arten von Komplexitätsreduktion charakterisiert

   (a) Abgrenzung gegen die Bestandteile – Komponenten
   (b) Abgrenzung nach außen – Schnittstelle
   (c) Reduktion der inneren Beziehungen auf kausal wesentliche – Zwecke, Interessen.

3. Die VDI-Definition des Begriffs *Technik*

  (a) Menge von nützlichen Artefakten und Sachsystemen
  (b) Prozesse ihrer Herstellung
  (c) Prozesse ihrer Verwendung

4. Die drei Ebenen unserer Technikdefinition

  (a) Gesellchaftlich verfügbares Verfahrenswissen
  (b) Institutionalisierte Verfahrensweisen
  (c) Privates Verfahrenskönnen

als Modi vernünftigen wissenschaftlich-technischen Denkens und Handelns.

Für einen submersiven Systembegriff ergibt sich daraus: Die Relation Obersystem – System ist nur eine spezifische Relation von Nachbarsystemen und vermittelt primär die *Nützlichkeit* (Zweck) eines Systems. Im Sinne des Trimmens können mehrere Funktionen in einer Komponenten zusammengelegt werden, dann hat diese Komponente als System auch *mehrere Obersysteme.*

Davon zu unterscheiden sind verschiedene Ebenen der Abstraktion (Baum, Wald; BWL, VWL), die sich aber durch unterschiedliche raum-zeitliche Ausdehnungen unterscheiden und damit in einem Verhältnis der Makro- (langwellig) und Mikroevolution (kurzwellig) stehen. Diese Dfferenzierung erlaubt es, auf der Makroebene Mikrofluktuationen „auszumitteln" und dort deterministisches Verhalten für die Untersuchung der Makroebene vorauszusetzen. Für Untersuchungen auf der Mikroebene können dagegen die Verhältnisse auf der Makroebene als weitgehend konstant angenommen werden.

12   TRIZ und Systematische Innovationen in komplexen Umgebungen (Gräbe)

Literatur: [33]

Ziel dieses Seminartermins war es, genauer zu verstehen, wie Transformationsszenarien im Kontext der TRIZ-Methodik konzeptualisiert werden. Zunächst ist dazu zu bemerken, dass das Transformationskonzept in der OTSM-TRIZ eine relativ zentrale Rolle spielt, denn die Lösung einer widersprüchlichen Anforderungssituation, die sich in einem systemischen Kontext ergeben hat, besteht in einer geeigneten Transformation dieses systemischen Kontexts in einen Zustand, in dem der Widerspruch aufgelöst ist. Die TRIZ-Methodik hilft dabei, einen solchen Transformationspfad auf systematische Weise zu finden.

Dieser Ansatz unterscheidet sich in zwei Dimensionen wesentlich von den bisher betrachteten:

1. Es geht um die *praktische* Vollzugsdimension einer solchen Transformation.
2. Der Zugang ist problemgetrieben und nicht analysegetrieben.

Letzteres (die Analyse) beginnt mit dem Thema „TRIZ und Business" (wieder) eine größere Rolle zu spielen, indem praktische Transitionserfahrungen analytisch aufgearbeitet und systematisiert werden. Damit nähert sich die TRIZ-Welt der bisher im Seminar betrachteten Transitionsforschung weiter an, wobei weiterhin ein wesentlicher Unterschied im Theorie-Empirie-Verhältnis zwischen beiden Communities besteht.

[33] ist ein Versuch, auf der Seite der TRIZ-Welt etwas Theorieboden zu gewinnen. Der TRIZ-Gegenstand wird zunächst wie folgt charak-

terisiert: „TRIZ is essentially a distillation of the 'first principles' of problem solving. It was originally developed for complicated technical problem and opportunity situations and, through ARIZ, has been deeply optimized for such roles. Increasingly, however, the world has become dominated by complex, non-technical situations, and in these environments many of the tools, methods and processes of traditional TRIZ become highly inappropriate." Weiter heißt es auf Seite 2 „Traditional TRIZ was very much focused on technical problems. And moreover, the large majority of these technical problems turned out to be complicated. And so traditional TRIZ worked. In today's massively inter-connected world, however, it is increasingly rare that we find ourselves able to 'merely' focus on just the technical problem". Damit werden die Problemlösekapazitäten von TRIZ als erfinderisches Wirken in *jungen* Technologien noch einigermaßen korrekt beschrieben. Dies gilt allerdings schon nicht mehr für die meisten der heutigen TRIZ-Praxen, die sich auf Problemlösungen (auch ingenieur-technischer Art) in *funktionierenden unternehmerischen Kontexten* beziehen und damit neben der Lösung des technischen Problems auch die Implementierung dieser Lösung im unternehmerischen Kontext im Auge haben müssen. Damit werden Systeme aber zu sozio-technischen Systemen, denn Zwecke, Ziele, Business-Strategien und Interessen geraten ins Blickfeld. Eine solche Erweiterung des Gesichtsfelds von rein ingenenieur-technischen zu sozio-technischen Fragestellungen war auch schon Thema der DDR-Erfinderschulen, die (u.a.) Probleme des massiven COCOM-Technologieboykotts und entsprechende Importablösungen zu lösen hatten. Derartige Fragen stehen auch heute im Zentrum wichtiger TRIZ-Anwendungen, nicht zuletzt im Kontext der Patentumgehung.

Allerdings steht die Frage, ob D. Mann mit seiner eigenen Charakterisierung der TRIZ-Methodik als „first principles of problem solving" richtig liegt oder ob sich diese „first principles" – selbst in den theoretischen Grundlagen der TRIZ-Methodik – nicht doch über *mehrere* Ebenen der Abstraktion erstrecken, auch wenn dies in den Texten zur theoretischen Fundierung der TRIZ-Methodik nur selten genauer ausgeleuchtet wird.

Weiter stellt sich die Frage, ob nicht auch im Management-Kontext *Techniken des Problemlösens*, oder anders – institutionalisierte Verfahrensweisen –, im selben Umfang eine Rolle spielen wie beim Lösen rein ingenieur-technischer Probleme. In strukturierten Kontexten läuft die Bestellung der nächsten Stahllieferung samt Rechnungslegung und Fakturierung sicher genauso ARIZ-artig ab wie eine ingenieur-technische Entscheidung. Es gibt also wenig Grund, wie in [33] Managemententscheidungen per se der Kategorie *kompliziert* oder gar *komplex* zuzuordnen.

Mit dem Bezug auf eine „Theorie komplexer adaptiver Systeme" (complex adaptive systems – CAS) wird der theoretische Bogen zu [13] geschlagen, auch wenn die referenzierte theoretische Basis mit [41] dünn ist. Der Titel jener Referenz fokussiert auf „leader's decision making" und nicht wie [13] auf partizipative Entscheidungsprozesse (AM) oder Transitionsmanagement (TM).

Schauen wir uns die Argumente im Einzelnen an. Zunächst wird am Beispiel von Spulenentwicklungen gezeigt, dass auch in der TRIZ-Welt Analogielösungen an konkrete Parameterbereiche gebunden sind, deren Grenzen „disruptive" Lösungen einfordern, die nur durch Übergang zu anderen physikalisch-technischen Prinzipien möglich sind. Wir finden also auch in diesem Bereich die r-, K-, Ω- und α-Phasen aus [22], wobei TRIZ vor allem in der Bewältigung von Übergängen seine analytischen Stärken ausspielt, in denen wohlfeile Kontexte zu transzendieren sind. TRIZ bietet hierfür ein größeres Arsenal von abstrakten Trends, Mustern und Standards an, um Kontexte gezielt zu vergrößern und in diesem größeren Kontext Transitionspfade zu identifizieren.

Wie bereits in der Diskussion um [15] und [13] steht dabei die Frage, wie allgemeingültig derartige Trends, Muster und Standards sind. TRIZ erhebt hier einen sehr universalistischen Anspruch, der seine historischen Gründe haben mag (siehe dazu [16]), aber praktisch nicht zu rechtfertigen ist. Eine *methodische Kontextualisierung* der TRIZ-Methodik (wann greifen welche Methoden) ist also angezeigt, und in genau diese Richtung argumentiert [33]. Das dort entwickelte Modell ist sehr einfach und stellt „Komplexität" von System und Umwelt auf einer 4-stufigen Skala ins Verhältnis, was hier sofort präzisierend als Verhältnis von System und Obersystem gefasst werden soll. Mit der „Ashby line" wird dabei ein spezifisches Komplexitätskonzept aufgerufen, das wir bereits früher als problematisch identifiziert hatten, da es auf reine Kanalkapazitäten setzt und intelligente Kompressions- und Dekompressionstechniken nicht berücksichtigt.

Gleichwohl können die vier Stadien „einfach", „kompliziert", „komplex" und „chaotisch" durchaus verwendet werden, um die Kopplung von Strukturierungsprozessen in System und Obersystem zu besprechen. Der Hinweis „natural forces act against resilience" [33, Fig. 3] entspricht dem Übergang von der r- in die K-Phase in [22] und wird auch ähnlich begründet: Eine *junge* Technologie ist zunächst wenig verstanden und deshalb „komplex". Im Zuge der weiteren Entwicklung werden nicht nur die Beschreibungsformen präziser, sondern auch die institutionalisierten Verfahrensweisen. Damit werden typische Einsatzszenarien in typischen Kontexten einfacher, der Gebrauch der Technologie ist nur noch „kompliziert". Mit der Weiterentwicklung zu einer *reifen* Technologie differenziert sich diese Gebrauchsfähigkeit weiter aus und (dies fällt bei D. Mann in Fig. 3 allerdings unter den Tisch) die eine komplizierte Technologie spaltet sich in eine Vielzahl von verschiedenen einfacheren technologischen Lösungen für verschiedene spezifischere Anwendungskontexte.

Als „Quer"-Tendenz (horizontal in Fig. 3) wird der „2. Hauptsatz der Thermodynamik" bemüht, um zu begründen, dass sich realweltliche Kontextualisierungen ändern und damit früher passfähige Lösungen nicht mehr passen. Darauf ist angemessen durch Gegenstrategien [33, Fig. 4] zu reagieren. Das „Chaos der Welt", das hier über den 2. Hauptsatz in die Betrachtungen eingeführt wurde, seine Quelle aber in der reduktiven Qualität der Beschreibungsform hat, ist selbst strukturiert und rührt (u.a.) aus Transitionsprozessen an anderen Stellen der „Welt der Systeme" her mit unterschiedlicher Anschlussfähigkeit an die im System selbst anstehenden Transitionen, wie in der Typologie in [15] genauer entfaltet.

Die „horizontalen Gegenstrategien" aus Fig. 4 einer Kontextaufspaltung und die „vertikalen Strategien" aus Fig. 3 einer weiteren Vereinfachung und Standardisierung stehen in engem Bezug zueinander und sind eigentlich nur in ihrer Gemeinsamkeit aus Vereinfachung der Beschreibungsform (Fig. 3) und Spezialisierung der Vollzugsform (Fig. 4) als sich gegenseitig bedingend verständlich. Die „vertikalen Gegenstrategien" aus Fig. 4 entsprechen dem TRIZ-Trend 4 des „Übergangs zum Makrolevel" [32] und damit der Stabilisierung der Rahmenbedingungen der Vollzugsdimension. Beides (Diversifizierung im System und Stabilisierung der Rahmenbedingungen) hatten als wichtige Resilienz-Strategien auch bisher eine Rolle gespielt, um Transitionen in der Welt der Systeme lokal einzugrenzen. Diversifizierung bedeutet dabei, das System gegen Änderungen des Kontexts robuster zu machen und damit Umbauprozesse im Obersystem besser auszuhalten. Stabilisierung der Rahmenbedingungen bedeutet den Übergang auf die nächste Abstraktionsebene, auf der die *Beziehungen* zwischen System und Obersystem(en) zum Gegenstand systemischer Gestaltung werden. Eine solche Perspektive bleibt komplett außerhalb des Betrachtungshorizonts von [33]. Allerdings wird „Trend 4" auch in [32] anders verstanden.

13 Gesetze und Trends der Entwicklung technischer Systeme (Gräbe)

Literatur: [17], [19], [40]; Zusatzliteratur: [32], [39]

Es wurde die Frage näher untersucht, wie der im Seminar entwickelte Systembegriff, insbesondere der Begriff eines *technischen Systems*, mit Systembegriffen harmoniert, die im TRIZ-Umfeld verwendet werden. [32] ist hierfür eine gute Referenz, da die zusammenfassende Darstellung der „Entwicklungstrends von ingenieurtechnischen Systemen" den Status eines „durch die MATRIZ autorisierten Lehrbuchs" hat. Es wird explizit der Begriff *engineering system* gegenüber dem in der sonstigen TRIZ-Literatur, besonders auch der russischsprachigen, üblichen Begriff des *technischen Systems* verwendet.

Allerdings finden sich weder in [32] noch in den anderen Referenzen genauere Begriffsdefinitionen, was unter einem *technischen System* zu verstehen sei. In allen Quellen wird auf die Anschauung verwiesen, wobei wir mit der *Facebookdiskussion* (siehe Abschnitt 5) gesehen hatten, dass diese „Anschauung" einen weiten Bereich möglicher Interpretation überdeckt. Allerdings kommt selbst in jenen Betrachtungen die im Kommentar zu [33] aufgeworfene Frage nicht vor, ob *Managementtechniken* auch in Systemen technischer Art erfasst werden können oder hier mit anderen Begrifflichkeiten zu operieren sei. Der Rückzug auf „ingenieur-technische Systeme" wie in [32] verschiebt das Problem nur zur Frage, ob modernes Management- und Verwaltungshandeln nicht auch eine Ingenieurstätigkeit sei. Von den Anforderungen an spezifische Kenntnisse theoretischer Grundlagen, institutionalisierter Verfahrensweisen und algorithmischer Vorgehensweisen sind diese Tätigkeitsprofile jedenfalls von Ingenieurstätigkeiten in größeren Unternehmen kaum zu unterscheiden.

Explizite systemtheoretische Ansätze im TRIZ-Umfeld verweisen auf komplexe Wurzeln in Moskauer philosophischen Kreisen der 1960er bis 1980er Jahre, von denen offensichtlich auch Altschuller beeinflusst war, als er 1984 die in [32] referenzierte Liste von 8 Gesetzen der Entwicklung technischer Systeme

1. Gesetz der Vollständigkeit der Teile eines Systems
2. Gesetz der „Energieleitfähigkeit" eines Systems
3. Gesetz der Harmonisierung der Rhythmen der Systemteile
4. Gesetz der wachsenden Idealität
5. Gesetz der ungleichmäßigen Entwicklung der Systemteile
6. Gesetz des Übergangs zum Obersystem
7. Gesetz des Übergangs von der Makro- zur Mikroebene
8. Gesetz der wachsenden Stoff-Feld-Interaktionen

formulierte. Bereits an dieser Stelle gehen die Darstellungen in [32] und [40] auseinander. Rubin bezieht sich auf eine Liste von 9 Gesetzen, die Altschuller 1977 in Baku veröffentlicht hat und das weitere

9. Gesetz der Dynamisierung starrer technischer Systeme

enthält, was auch im TRIZ-Prinzip 15 gelistet ist. Die Abgrenzung von Trends, Standards und Prinzipien ist in der TRIZ aber generell problematisch.

[17] scheint eine wichtige Referenz zu sein, welche die Verbindung zwischen den Ansätzen eines „Schöpfertums als exakter Wissenschaft" (Altschuller) und philosophischen Überlegungen herstellt. In jener Arbeit wird der Gesetzesbegriff strapaziert, um systemische Entwicklungslinien auf verschiedenen Abstraktionsebenen zu charakterisieren, und es wird der Begriff „technisches System" in den komplexeren Kontext der Entwicklung *allgemeiner Systeme* eingebettet. Auf die Frage, ob es sich um Gesetze oder eher um Trends

oder gar nur um Entwicklungsmuster handelt, soll hier nicht eingegangen werden.

Sowohl [17] als auch [40] bleiben eine genauere Fassung auch des allgemeinen Systembegriffs schuldig. Goldovsky thematisiert eine Hierarchisierung der dort formulierten Gesetze in

1. Grundlegende Entwicklungsmuster
2. Methodologische Muster der Entwicklung technischer Systeme
3. Gesetzmäßigkeiten der Herstellung arbeitsfähiger technischer
   Systeme
4. Gesetzmäßigkeiten funktioneller Transformationen technischer
   Systeme
5. Gesetzmäßigkeiten struktureller Transformationen technischer
   Systeme
6. Muster der Transformation der Systemzusammensetzung

wobei die formulierten Punkte eher einen metaphysischen Charakter
der Kontextualisierung einer Betrachtungsperspektive haben, und
somit doch zur Schärfung der Begrifflichkeit eines „technischen Systems" beitragen, insbesondere durch die „methodologischen Muster"
2.1–2.4.

Diese Hierarchisierung reflektiert in gewisser Weise die Komplexität
von Systemtransformationen und reicht von

1. grundsätzlichen Epistemiken von Beschreibungsformen über
2. Anforderungen an Beschreibungsformen (an die Modellierung)
   technischer Systeme,
3. Anforderungen an die Verbindung von Beschreibungs- und Vollzugsformen technischer Systeme (Betriebsbedingungen in gege-
   benem Kontext),
4. Anforderungen an die Lösung von Widersprüchen durch funktionale Reorganisation (bei unveränderten Komponenten),

5. Anforderungen an die Lösung von Widersprüchen durch strukturelle Reorganisation (auch die Komponenten werden verändert)
   bis hin zu
6. Anforderungen an systemische Reorganisation.

Sie deckt damit einen Teil der systemischen Reorganisationserforder-
nisse ab, die in [15] identifiziert werden. Es bleibt weiter auszuloten,
welche tieferliegenden Erkenntnisse aus diesen eher metaphysisch
formulierten Mustern zur Bewältigung *realer* Transitionserforder-
nisse zu gewinnen sind.

Altschuller selbst teilt seine Gesetze in statische (1-3), kinemati-
sche (4-6) und dynamische (7-8) und postuliert die Gültigkeit der
statischen und kinematischen Gesetze für die Entwicklung auch allgemeiner Systeme, während er die dynamischen Gesetze 7-8 als zeit-
und domänenspezifisch ansieht. Diese Überlegungen werden in [40]
weiter detailliert. Wie in [32] werden die Gesetze in eine baumartige
Kausalstruktur gebracht (präziser: in die Struktur eines gerichteten
azylischen Graphen) und in einem zweiten Schritt die Verbindung
zu den TRIZ-Standards hergestellt, die als operationale Ausprägung
der jeweiligen Gesetze in der TRIZ-Methodik betrachtet werden.
Von dort wird der Bogen weiter zu ARIZ und der Algorithmisie-
rung der Methodik geschlagen.

Sowohl die Auswahl der Gesetze als auch die genaue Ausgestaltung
der kausalen Beziehungen unterscheiden sich zwischen der Darstellung von Lyubomirsky und Litvin selbst in [32, S. 6], Rubins Darstellung der Gesetze nach Lyubomirsky und Litvin (Abb. 1) und
der eigenen Darstellung (Abb. 2). Rubin diskutiert weiter die Verbindung dieser Gesetze zu einer allgemeinen Systemtheorie, für die
er 12 Gesetze in 4 Blöcken formuliert, was weiter zu analysieren
bleibt.

14 Wie entwickeln sich technische Systeme

Literatur: [15], [29], [19], [40], [39].

Bleibt die abschließende Frage: Wie weit trägt ein systemtheoretischer Ansatz überhaupt? Wir hatten eingangs unseres Seminars festgestellt, dass es nicht *den* systemtheoretischen Ansatz gibt, sondern wir mit einem ganzen Universum aufeinander bezogener Ansätze konfrontiert sind, was zum Begriff der *Systemwissenschaft* im Seminartitel Anlass gab. [39] lotet dieses Problem weiter aus und identifiziert drei wesentlich verschiedene Ansätze

1. das funktionale Konzept eines Systems als „Black Box",
2. das strukturelle Konzept der Modellierung von Wechselwirkungen zwischen Komponenten und
3. das hierarchische Konzept einer System-Umwelt-Beziehung.

Das im Seminar entwickelte Konzept geht mit der Betrachtung der Einheit von Beschreibungs- und Vollzugsform einen deutlichen Schritt weiter. Die drei von Ropohl unterschiedenen Ansätze werden als drei Reduktionsdimensionen von Beschreibungsformen identifiziert, die in unserem Systembegriff *gleichzeitig* wirken. Dabei bekommen insbesondere die unspezifischen Begriffe „Umwelt" und „Obersystem" eine genauere Fassung: Umwelt kann in diesem Beschreibungsansatz nur selbst wieder als System und damit nicht als Totalität einfließen. Allerdings kann ein System in einem solchen Verständnis auf *mehrere* Obersysteme bezogen sein, womit die System-Obersystem-Beziehung ihren exklusiven Charakter unter den systemischen Nachbarschaftsbeziehungen verliert. Auf der anderen Seite ist zwischen Modellierung und Metamodellierung zu unterscheiden, wobei letztere regelmäßig bedeutsam wird, wenn es um die systemische Fassung von Beschreibungsformen der *Beziehungen* zwischen Systemen geht.

Letzteres gibt Anlass zu einer Stratifizierung der Wirklichkeit längs der Begriffsbildungsniveaus der Beschreibungsformen, die Kleemann als prägend für hoch technisierte Gesellschaften bezeichnet hat. Diese Beschreibungsstratifizierung als spezifische Form der Komplexitätsreduktion („Fiktion" in meiner Vorlesung) findet ihre Entsprechung in technischen Schichtenarchitekturen wie etwa im OSI-7-Schichten-Modell.

Systemische Betrachtungen identifizieren auf der Beschreibungsebene Einheit in der Vielfalt, aus der in der Vollzugsform wieder Vielfalt zurückgewonnen werden muss. Menschen sind hier zugleich Subjekt und Objekt von Handeln. Die damit verbundenen Widersprüche sind im Prinzip bewusst gestaltbar, enthalten aber einen weiteren Stolperstein – Selbstbezüglichkeit. Hier ist Systemtheorie überfordert und muss in eine Gesellschaftstheorie eingebettet werden, so Kleemann. [13] hatte mit dem partizipativen Ansatz eines *adaptive management* in einem Multi-Stakeholder-Kontext eine wichtige Form einer solchen Einbettung aufgezeigt. Systemtheorie bleibt ein wichtiges *Instrument des Handelns* in einem solchen Kontext, wenn sie auf vier wesentliche Punkte ausgerichtet wird:

1. Theoriegeladenheit
2. Bewältigung des Ebenenproblems von Beschreibungsformen und Begriffsbildungsprozessen
3. Bewältigung des Durchsatzproblems: Durchsatz bestimmt das Innenverständnis des Systems, das „kooperative Weltbild", wie in der Vorlesung entwickelt.
4. Ausrichtung auf Transition und Transformation, Resilienz und Nachhaltigkeit, Dynamik aller Komponenten und Beziehungen.

Praktische Konsequenzen eines solchen Übergangs zum „Primat des Politischen":

1. Wir brauchen eine Initialphase. Wie kommen wir dahin?
2. Die Initialphase ist mit Vorurteilen beladen. Diese können systemtheoretisch-analytisch aufgearbeitet werden. TRIZ ist hierfür eine leistungsfähige Methodik.
3. Was leisten hierbei Frametheorien *praktisch*?

Literatur

[1] John M. Anderies, Marco A. Janssen, Elinor Ostrom (2004). Framework to Analyze the Robustness of Social-ecological Systems from an Institutional Perspective. In: Ecology and Society 9 (1), 18. `https://www.ecologyandsociety.org/vol9/iss1/art18/`

[2] William Ross Ashby (1958). Requisite variety and its implications for the control of complex systems. In: Cybernetica 1:2, 83–99. `http://pcp.vub.ac.be/Books/AshbyReqVar.pdf`

[3] Ludwig von Bertalanffy (1950). An outline of General System Theory, The British Journal for the Philosophy of Science, Volume I, Issue 2, 1 August 1950, 134–165. `https://doi.org/10.1093/bjps/I.2.134`

[4] C.R. Binder, J. Hinkel, P.W. Bots, C. Pahl-Wostl (2013). Comparison of Frameworks for Analyzing Social-ecological Systems. Ecology and Society, 18 (4), 26. `https://www.ecologyandsociety.org/vol18/iss4/art26/`

[5] Max Boisot, Bill McKelvey (2011). Complexity and Organization-Environment Relations: Revisiting Ashby's Law of Requisite Variety. In: Allen, Peter, Steve Maguire and Bill McKelvey (eds.). The Sage Handbook of Complexity and Management, 279–298.

[6] Fridolin Simon Brand, Kurt Jax (2007). Focusing the Meaning(s) of Resilience: Resilience as a Descriptive Concept and a Boundary Object. In: Ecology and Society 12 (1), 23. `https://www.ecologyandsociety.org/vol12/iss1/art23/`

[7] Rafael Capurro, Peter Fleissner, Wolfgang Hofkirchner (1996). Is a unified theory of information feasible? http://www.capurro.de/trialog.htm

[8] Rafael Capurro (1998). Das Capurrosche Trilemma. http://www.capurro.de/janich.htm.

[9] Rafael Capurro (2002). Menschengerechte Information oder informationsgerechter Mensch? http://www.capurro.de/gotha.htm.

[10] Mike Davis (2008). Wer wird die Arche bauen? Das Gebot zur Utopie im Zeitalter der Katastrophen. Telepolis, 11.12.2008.

[11] Leonhard Dobusch, Sigrid Quack (2011). Auf dem Weg zu einer Wissensallmende? Argumente Politik und Zeitgeschichte 28–30, S. 41–46.

[12] W.M. Elsasser (1981). A form of logic suited for biology? In Robert Rosen (ed.). Progress in Theoretical Biology, Volume 6. Academic Press, p. 23–62.

[13] T.J. Foxon, M.S. Reed, L.C. Stringer (2009). Governing long-term social–ecological change: what can the adaptive management and transition management approaches learn from each other? Environmental Policy and Governance, 19 (1), 3–20. https://doi.org/10.1002/eet.496

[14] Klaus Fuchs-Kittowski (2002). Wissens-Ko-Produktion. Verarbeitung, Verteilung und Entstehung von Informationen in kreativ-lernenden Organisationen. Festschrift zum 65. Geburtstag von Klaus Fuchs-Kittowski.

[15] Frank W. Geels, Johan Schot (2007). Typology of Sociotechnical Transition Pathways. In: Research Policy

36 (2007), 399–417. `https://doi.org/10.1016/j.respol.2007.01.003`

[16] Slava Gerovitch (1996). Perestroika of the History of Technology and Science in the USSR: Changes in the Discourse. Technology and Culture, Vol. 37.1, S. 102–134.

[17] Boris I. Goldovsky (1983). System der Gesetzmäßigkeiten des Aufbaus und der Entwicklung technischer Systeme. `https://wumm-project.github.io/TTS`

[18] Hans-Gert Gräbe (2012). Wie geht Fortschritt? LIFIS Online, 12.11.2012.

[19] Hans-Gert Gräbe (2019). Zur Entwicklung Technischer Systeme. Manuskript. `https://wumm-project.github.io/TTS`

[20] Silke Helfrich, Felix Stein. Was sind Gemeingüter? Argumente Politik und Zeitgeschichte 28–30, 9-15.

[21] John H. Holland (2006). Studying complex adaptive systems. In: Journal of systems science and complexity, 19 (1), 1–8. `https://link.springer.com/article/10.1007/s11424-006-0001-z`

[22] C.S. Holling (2000). Understanding the Complexity of Economic, Ecological, and Social Systems. In: Ecosystems (2001) 4, 390–405. `https://www.esf.edu/cue/documents/Holling_Complexity-EconEcol-SocialSys_2001.pdf`

[23] Gisela Jacobasch (2019). Bienensterben – Ursachen und Folgen. Leibniz Online 37 (2019). `https://leibnizsozietaet.de/bienensterben-ursachen-und-folgen/`

[24] Peter Janich (2006). Was ist Information? Frankfurt/Main.

[25] Erich Jantsch (1992). Die Selbstorganisation des Universums. Vom Urknall zum menschlichen Geist. Hanser, München.

[26] Christian Jooß (2017). Selbstorganisation der Materie. Verlag Neuer Weg, Essen.

[27] Helmut Klemm (2003). Ein großes Elend. Informatik Spektrum, S. 267–273.

[28] Friedhart Klix, Karl Lanius (1999). Wege und Irrwege der Menschenartigen. Kohlhammer, Stuttgart.

[29] Andrea Kohlhase, Michael Kohlhase (2009). Spreadsheet Interaction with Frames: Exploring a Mathematical Practice. In: Carette J., Dixon L., Coen C.S., Watt S.M. (eds). Intelligent Computer Mathematics. Proceedings of CICM 2009. LNCS 5625. Springer, Berlin, Heidelberg. `https://kwarc.info/people/mkohlhase/papers/mkm09-framing.pdf`

[30] Karl Koltze, Valeri Souchkov (2017). Systematische Innovation. 2. Auflage, Hanser, München.

[31] Anton Kozhemyako (2019). Features of TRIZ applications for solving organizational and management problems: schematization of an inventive situation and working with models of contradictions. (In Russisch). `https://matriz.org/kozhemyako/`

[32] Alex Lyubomirskiy, Simon Litvin, Sergey Ikovenko et al. (2018). Trends of Engineering System Evolution (TESE).

[33] Darrell Mann (2019). Systematic innovation in complex environments. Proceedings of the TRIZ Summit 2019 Minsk. `https://triz-summit.ru/file.php/id/f304797-file-original.pdf`

[34] C. Mele, J. Pels, F. Polese (2010). A brief review of systems theories and their managerial applications. Service Science, 2(1–2), 126–135. `https://doi.org/10.1287/serv.2.1_2.126`

[35] John Mingers (1989). An Introduction to Autopoiesis – Implications and Applications. In: Systems Practice, Vol. 2, No. 2, 1989. `https://link.springer.com/article/10.1007/BF01059497`

[36] Elinor Ostrom (1990). Governing the commons. The evolution of institutions for collective action. Cambridge University Press, New York. ISBN 9780511807763.

[37] Elinor Ostrom (2007). A diagnostic approach for going beyond panaceas. Proceedings of the national Academy of sciences, 104(39), 15181–15187. `https://doi.org/10.1073/pnas.0702288104`

[38] Ilya Prigogine, Isabelle Stengers (1993). Das Pardox der Zeit. Piper, München, Kap. 3–5.

[39] Günter Ropohl (2009). Allgemeine Technologie: eine Systemtheorie der Technik. KIT Scientific Publishing. `https://books.openedition.org/ksp/3007`

[40] Michail Rubin (2019). Zum Zusammenhang der Entwicklungsgesetze allgemeiner Systeme und der Entwicklungsgesetze technischer Systeme. `https://wumm-project.github.io/TTS`

[41] David J. Snowden, Mary E. Boone (2007). A Leader's Framework for Decision Making. Harvard Business Review, November 2007.

[42] Valeri Souchkov (2014). Breakthrough Thinking with TRIZ for Business and Management: An Overview. `https://www.semanticscholar.org`

[43] Karl Steinbuch (1969). Die informierte Gesellschaft. Stuttgart, 2. Auflage.

[44] Volker Stollorz (2011). Elinor Ostrom und die Wiederentdeckung der Allmende. Argumente Politik und Zeitgeschichte 28–30, S. 3–8.

[45] Clemens Szyperski (2002). Component Software. 2. Auflage. Pearson Education.

[46] Robert E. Ulanowicz (2009). The dual nature of ecosystem dynamics. In: Ecological Modelling 220 (2009), 1886–1892. `https://people.clas.ufl.edu/ulan/files/Dual.pdf`

[47] VDI-Norm 3780 (2000). Technikbewertung – Begriffe und Grundlagen.

[48] VDW – Verein Deutscher Wissenschaftler (2005). „We have to learn to think in a new way". Potsdamer Denkschrift.

[49] V.I. Vernadsky (1997, Original 1936–38). Scientific Thought as a Planetary Phenomenon. `https://wumm-project.github.io/Texts.html`

[50] Brian Walker, C.S. Holling, Stephen R. Carpenter, Ann Kinzig (2004). Resilience, Adaptability and Transformability in Social-ecological Systems. In: Ecology and Society 9 (2). `https://www.ecologyandsociety.org/vol9/iss2/art5/`